山东省职业教育规划教材
供职业教育各专业使用

齐鲁传统文化

主　编　杨光军　张宏图
副主编　李　鸿　王迎春　刘长勇　姜振伟
编　者（按姓氏汉语拼音排序）
柴沙沙　姜振伟　焦淑锋　李　鸿
梁　猛　刘　杰　刘长勇　濮深涵
王迎春　杨光军　杨延美　张宏图
张艳青　赵添程

科学出版社
北　京

内 容 简 介

以儒家文化为代表的齐鲁传统文化对中华文明乃至世界文明的发展都产生了重要的影响。传承齐鲁文化中的智慧和精髓，是我们编写本书的宗旨。本书设置文化概貌、文化古迹、先秦儒家等七个专题，勾勒齐鲁文化概貌，展示齐鲁名家风采。本书内容精练，体例合理，图文并茂，致力于为学生提供更多的资源、更广泛的视角以及更生动活泼的形式，同时注重知行合一，强调传统文化在现实社会的价值意义。

本书既可供职业教育各专业使用，亦可供热爱传统文化的广大读者阅读。

图书在版编目（CIP）数据

齐鲁传统文化 / 杨光军，张宏图主编．—北京：科学出版社，2020.1
山东省职业教育规划教材
ISBN 978-7-03-057441-1

Ⅰ．齐… Ⅱ．①杨… ②张… Ⅲ．文化史－山东－职业教育－教材
Ⅳ．K295.2

中国版本图书馆CIP数据核字（2018）第105987号

责任编辑：张立丽 钟 和 / 责任校对：张凤琴
责任印制：李 彤 / 封面设计：图阅盛世

科学出版社 出版
北京东黄城根北街16号
邮政编码：100717
http：//www.sciencep.com

涿州市般润文化传播有限公司 印刷
科学出版社发行 各地新华书店经销

*

2020 年 1 月第 一 版 开本：787×1092 1/16
2021 年 1 月第二次印刷 印张：9 3/4
字数：249 600

定价：49.80 元

（如有印装质量问题，我社负责调换）

山东省职业教育规划教材质量审定委员会

Preface 前言

山东是中华文明的重要发祥地之一。一大批杰出的思想家、政治家、文学家和发明家生于兹，长于兹，孔子、孟子、墨子、庄子、孙子、管子、荀子等大家交相辉映，儒家、道家、法家、兵家等各种学说在此碰撞交流，形成了博大精深的齐鲁文化。特别是孔子创立的儒家学说，成为中国几千年优秀传统文化的主干和精髓，在中国历史上发挥了重要作用，对世界文明产生了深远影响。

山东作为孔子的出生地、儒家文化的发祥地，有义务、有责任、有能力走在继承和弘扬中华传统文化的前列。为落实中共中央办公厅、国务院办公厅《关于实施中华优秀传统文化传承发展工程的意见》，根据山东省教育厅的安排，我们编写了《齐鲁传统文化》这本书，旨在引导学生了解丰富多彩的齐鲁传统文化，增进对传统文化价值的理解和认识，激发学习传统文化的浓厚兴趣，提升文化素养和思想品德。作为炎黄子孙，必须以学习和继承优秀传统文化为己任。而大学生正处于世界观、人生观和价值观形成的关键时期，通过学习齐鲁传统文化，认识其核心精神及在中国优秀传统文化中的重要地位，可以帮助学生理解传统文化的意蕴，树立正确的世界观、人生观和价值观，坚定文化自信，特别是坚定对传统文化、对家乡文化的自信，为未来的人生奠基。

本书共设置“文化概貌”“文化古迹”“先秦儒家”“兵家文化”“科技文化”“审美文化”和“民俗文化”共七个专题，在教学过程中可根据学校和地方实际各有侧重和取舍。本书具有如下特点。

1. 针对学生的知识结构、认知特点，结合一线教师教学经验，设定教学内容，摒弃过精过深的知识，做真正适合学生的教材。

2. 注重文化和经典相结合。设置经典品读模块，插入和专题内容相关的经典诗文，在品读经典的过程中感受文化、传承文明。

3. 关注传统文化的现代价值，注重传统文化和职业教育相结合。课后“练习与思考”部分注重现实价值的探讨。

4. 体例合理，图文并茂。章首加入引言，章尾设有小结和“练习与思考”，章中除“经典品读”外还穿插了“延伸阅读”“资源链接”等模块，以开拓学生视野，建立完善的知识体系。书中还插入了大量精美的图片，使传统文化以更加生动活泼的形式呈现在读者面前。

5. 每章设置和专题密切相关的实践活动，或实地考察，或展开辩论等等，让学生在做中学。

文化是一个民族的灵魂。齐鲁传统文化是山东人民甚至全世界华人共同的精神家园。我们期望，这本书能成为学生打开齐鲁传统文化宝藏的钥匙，引导学生从优秀传统文化的根系中，汲取向上向善的精神力量，亲近传统，砥砺品质，完善人格，提升素养，在实现中华民族伟大复兴中国梦的奋斗中成长成才。

在本书编写过程中，我们借鉴吸收了先贤前辈、各方专家的一些成果和观点，未能一一注明，在此致谢并敬请谅解。

编　者

2019 年 11 月

Contents 目录

第1章 文化概貌

齐鲁传统文化，孕育于具有独特自然人文环境的齐鲁大地，经历了漫长的形成和发展过程，在秦汉时期更是完成了从地域文化到主流文化的过渡，为中华文明发展作出了突出的贡献。齐鲁传统文化所具有的积极进取、开放包容等基本特征，在当代仍具有积极的现实意义。

第1节 齐鲁传统文化的产生与发展

一、山东的自然环境：一方水土养一方人

沿着历史的轨迹，追根溯源，我们发现由于自然环境不同、生存状况不同，人们的思想观念、性格、生活方式会出现很大差异。同时，文化影响人类的生产方式、生活方式，进而通过影响人们的思想观念和行为活动而作用于环境。马克思主义认为，人类社会的精神生产是人与自然互动的结果，作为精神生产的社会文化，是人类社会实践活动的历史产物。

植根于山东大地上的齐鲁文化的形成也离不开它独特的历史自然环境。这片古老、广袤的土地中部是突起的泰沂山地，南部和东部为缓和丘陵区，北部、西北部和西南部为华北大平原东缘，形成了以山地丘陵为骨架、平原盆地交错环列其间的地形大势。泰山雄踞中部，是全省最高点。著名的泰山、鲁山、沂山、蒙山以及胶东地区众多的山脉，面积广大的丘陵区，土质肥沃的平原区，都拥有丰富的林木资源，为本地区养蚕业和丝织业的发展提供了保障。其中除了滨海地带有所谓的“斥卤”之地外，其他大部分地区土地适于农耕，为农业生产提供了良好的条件。

山东上古水系发达，境内河湖交错，水网密布，水资源丰富。著名的有西北部的济水，西南部的汶水、泗水水系，东北部的淄水、潍水水系，东南部的沂水、沭水水系等，以及巨野泽、菏泽、雷夏泽、海隅泽等星罗棋布的大小湖泊，为当时分布于西岸和周围的古部落、古方国提供了饮食和灌溉之利，一向为古文化的发达区。

山东半岛三面环海，海岸线全长3000多千米，沿海滩涂面积广阔。浩瀚的海洋不但提供了丰富的鱼盐资源，而且使人们视野更广阔、思维方式更灵活。

这片广袤的土地，是孕育东方文明的摇篮。齐、鲁初封时，都是方圆不足百里的小国。齐在今山东省东北部，面临大海，是周王朝开国功臣姜尚的封国，都城设在营丘（今山东临淄）。周公旦摄政时，三监作乱，淮夷叛周，周公赋予姜尚征伐权。齐国的势力范围东至大海，西至黄河，南至穆陵，北至无棣，成为东方大国。到战国时期，齐国地广兵强，疆域“方两千里”，南有泰山，东有琅邪山，西有清河，北有渤海，可谓具有四面要塞的金城汤池之国。鲁国首封国君为周武王弟弟周公旦，周公因辅政，未就国，使其子伯禽代为就国，都曲阜。随着其势力的扩张，周边小国逐渐被鲁吞并。春秋时，周王室衰微，许多小国至鲁观礼，鲁成为当时的

大国，其控制范围在汶河流域和泗河的中上游地区。齐、鲁两国的地域范围基本上覆盖了现在的山东省及周边地区，其独特的自然地理环境，孕育出了内涵丰厚的齐鲁文化。

司马迁在《史记·货殖列传》中对齐、鲁两地进行了评述，他认为齐鲁的民风民俗和齐鲁之人的宽厚、阔达、豪侠与谨慎、节俭、儒雅的性格，与其所处的自然环境的特点密不可分。这便是地域文化形成的重要原因。

延伸阅读 1-1　　《史记·货殖列传》节选

齐带山海，膏壤千里，宜桑麻，人民多文采布帛鱼盐。临菑亦海岱之间一都会也。其俗宽缓阔达，而足智，好议论，地重，难动摇……大国之风也。其中具五民。

而邹、鲁滨洙、泗，犹有周公遗风，俗好儒，备于礼，故其民龊龊。颇有桑麻之业，无林泽之饶。地小人众，俭啬，畏罪远邪。

二、齐鲁文化的源头：东夷文化

东夷文化是聚居在今山东及其周围地区的古土著居民——东夷族人经过长期辛勤地劳动而创造的文化。史前至夏商时期的东夷文化是西周以后齐鲁文化的前身，是齐鲁文化萌芽、发生、发展的基础。

东夷族形成于何时，文献上没有记载。据考古发现，山东从距今四五十万年前的旧石器时代早期的沂源猿人开始，境内就有远古人类生息繁衍。考古发现说明，山东及其周围地区存在着北辛文化——大汶口文化——山东龙山文化——岳石文化的新石器时代考古谱系。大汶口文化和山东龙山文化属于东夷族各部落的物质文化遗存。这就丰富而直观地见证了生活在山东地区的东夷族先后在太皞氏、少皞氏、虞舜时期创造了光辉灿烂的东夷文化。

大汶口文化是以山东泰安的大汶口遗址命名的，1959 年首次发现于大汶口一带，年代约为公元前 4300 年至公元前 2500 年。大汶口文化的发现，为山东龙山文化找到了渊源。山东龙山文化是新石器时代晚期的一种文化，1928 年首先发现于山东章丘龙山镇的城子崖，年代约为公元前 2500 年至公元前 1900 年（图 1-1、图 1-2）。

就已发掘的资料来看，大汶口文化和山东龙山文化时期的农业有了长足进步，家禽饲养业也得到了充分的发展，渔猎活动仍占有较重要地位。出土的多种新型工具，比如大而厚的石斧、薄而锋利的石铲、石刀、蚌镰、鹿角锄等，以及谷壳谷粒、家畜骨骼，都显示了五谷丰登、六畜兴旺的农业大发展景象。

手工业，特别是制陶业和冶铜业，最能代表这一时期东夷族社会经济发展水平。大汶口文化时期的陶器有红、灰、黑、白四类（图 1-3），薄胎黑陶和白陶是大汶口文化中晚期制陶业中出现的两个新品种。山东龙山文化时期的制陶技术在大汶口文化的基础上进一步发展，大汶口文化中期出现的快轮制陶技术在这一时期得到

图 1-1 城子崖遗址

图 1-2 山东章丘市龙山镇龙山文化博物馆

普遍采用，磨光黑陶数量更多，质量更精。山东沿海的龙山文化代表性器物——薄如蛋壳的黑陶高柄杯，表面光亮如漆，达到了新石器时代陶器制作的最高峰（图 1-4）。冶铜技术的出现是山东龙山文化在手工业领域取得的一项更重要的成就。出土的铜器，标志着东夷族工匠已初步掌握冶铜技术。大汶口文化和山东龙山文化在制玉技术等方面也达到了一定高度，玉饰雕琢精细，器型优美（图 1-5）。

图 1-3 大汶口文化兽形红陶器

这个时期，私有制和贫富分化现象开始出现并

图 1-4 山东龙山文化黑陶薄胎高柄杯

图 1-5 大汶口文化玉环

呈不断加剧之势，出现了平民和贵族，城市开始出现。目前发现的山东龙山文化城址有章丘龙山镇的城子崖城址、邹平丁公城址、寿光边线王城址、临淄边旺城址，阳谷、东阿、茌平三县发现的八座城址，以及临淄田旺村城址等。城的出现是文明形成的标志之一，东夷族各部落正是在这些城市的促动下相继完成了从野蛮到文明的历史飞跃。

东夷文化所取得的另一项重要成就是出现了文字的萌芽。目前，在大汶口文化遗址发现了少量“陶文”，在山东邹平丁公遗址出土的陶盆残片上也发现了山东龙山文化的文字——5 行 11 个类似汉字的象形符号（图 1-6）。

图 1-6 丁公遗址出土的陶盆残片上的符号

资源链接 1-1 山东大学博物馆

大汶口文化和山东龙山文化时期被认为是东夷文化的鼎盛时期，它清楚地表明这一时期的东夷族在经济发展水平和社会发展程度等方面都可以与中原地区各先进的部落氏族并驾齐驱。

齐、鲁立国前的东夷文化在数千年的发展过程中形成了两个影响较大的文化中心区：泰山以北的文化中心区——今淄博一带，先后在此居住的有爽鸠氏、季蓢、逢伯陵、薄姑氏；泰山以南的文化中心——今曲阜一带，曾经是少皞、蚩尤、颛顼、后羿、奄国等部落和方国的居地。两个文化中心的形成是他们不断开发和世代经营的结果。东夷文化的发达特别是其两个文化中心的形成，为西周后齐鲁文化的形成和发展奠定了坚实的基础。

延伸阅读 1-2

黄帝战蚩尤

黄帝是传说中的中国原始社会晚期中原地区部落首领，蚩尤是九黎族（属东夷集团）著名首领。

《史记·五帝本纪》记载：“蚩尤作乱，不用帝命，于是黄帝乃征师诸侯，与蚩尤战于涿鹿之野，遂禽杀蚩尤。”而据《山海经·大荒北经》记述：“蚩尤作兵伐黄帝，黄帝乃令应龙攻之冀州之野。应龙畜水。蚩尤请风伯雨师，纵大风雨。黄帝乃下天女曰魃，雨止，遂杀蚩尤。”这就是传说中的著名大战——涿鹿之战。蚩尤战死，其九黎集团一部分为黄帝集团吸收、融合，构成了华夏族的主干。

传说，蚩尤兄弟八十一人（即八十一个氏族），铜头铁额，“造立兵杖、刀、戟、大弩，威震天下”。他们勇武善战，武器装备也比较先进，这些神话和传说表明蚩尤部落是较早铸造铜兵器的部落，其社会发展程度也是较高的。

资源链接 1-2 东夷文化博物馆

三、齐鲁文化的形成与发展：从齐、鲁文化到齐鲁文化

文化作为社会实践的产物，其产生和发展都受到一定时代和一定社会规律的制约。

夏朝前期历史，实际上是夷夏交争的历史。夷夏交争导致的一个重大结果就是夏文化东移，进入并控制了东夷部落的部分地区，对东夷文化产生了冲击。而商文化对东夷文化的影响更大，整个商代，山东一直是商文化发达的区域，济南大辛庄遗址、青州苏埠屯遗址出土的大量文物都是重要的证明（图1-7）。

图1-7 1965年青州苏埠屯1号商墓出土青铜器——亚丑钺

先进的夏商文化为东夷文化注入了新的生机与活力。虽然东夷文化渐趋衰落，但它的发展却从未中断，相反，在分化与融合中，它获得了更加丰富的内涵，孕育着一种新的地域文化。

延伸阅读1-3 **夷、夏之争**

传说禹在位时，曾大会诸侯，东夷的防风氏因后至被禹杀死，夷、夏联盟走向破裂。东夷族皋陶曾被推荐为部落联盟首领，不久死去，大家又推荐伯益。但是禹暗自培植自己的儿子启的党羽和势力，禹死后，部落联盟首领的位子到了启手里。启建立了夏朝。启死后，夏朝内乱，东夷族的首领后羿乘机而起，夺取了大权。但是在局面稳定后后羿沉溺射猎不修民政，最终被自己所任用的寒浞谋杀。寒浞亦不行德政，大肆攻伐杀戮，结果给夏族人以可乘之机，夏后氏少康在夏族余烬的帮助下攻灭寒浞，并将后羿、寒浞统治的东夷族有穷氏彻底击溃，夏族势力得以复兴。有穷氏的灭亡使东夷族再也无法与夏王朝抗衡。

资源链接1-3 央视网视频：《走遍中国》追寻东夷族的足迹

（一）齐文化、鲁文化的形成

西周初年，姜太公被封于齐，以治理夷人；周公被封于鲁，以拱卫周室。由于齐、鲁的首封之君与周王室的关系不同以及两国自然环境和社会环境的差异，齐、鲁两国采取了不同的建国方略和发展模式，特别是对当地土著文化采取了完全相反的政策。不同的政策带来了区域文化的差异。

姜太公封齐之后，把周文化带向齐地的东夷文化圈，东夷文化产生了本能的反抗，太公以武力征服了齐国东部莱夷等部族的反抗，同时以机动灵活、因地制宜的“因其俗，简其礼”（《史记·齐太公世家》）的政策，容纳了东夷文化。所谓“因其俗，简其礼”，即允许东夷人保留其传统习惯，但对东夷人现存的制度进行适度改造。这对于缓和矛盾和社会稳定起了重要作用。在经济上，齐之封地临近渤海，土地贫瘠，人口稀少，但鱼盐资源丰富，因此，齐国推行沟通商、工之业，发展鱼、

盐生产，农、工、商并举，富民强国的策略。此外，在用人上“尊贤尚功”，因而人民多来归附，齐因此发展成为大国。齐实行的这些政策为齐文化奠定了兼容性和务实性的基础。

春秋时，齐桓公任用管仲进行改革。管仲佐桓公九合诸侯，频繁的盟会大大加强了齐国与其他诸侯国的交往，也促进了各国间的文化交流，客观上增强了齐文化的包容性。齐桓公完成霸业，成为春秋时期第一位霸主。齐国政治经济地位提升，影响力逐渐扩大，齐文化的内容日渐丰富，更富于开放性，并开始走向成熟。春秋末期晏婴相齐，他强公室，抑私门，以民为本，薄赋省刑，施行仁政，使姜齐政权得以保持长期稳定，为齐文化发展创造了良好条件，对齐国在精神文化领域的建设作出了巨大贡献。

战国时期，齐文化发展到兴盛期的突出标志是稷下学宫的建立。它将一大批最优秀的知识分子聚集起来著述讲学、交流论辩，汇聚百家、包罗万象，成为“百家争鸣”的中心，创造了灿烂的思想文化成果，也使齐国成为当时天下学术的中心（图 1-8）。

图 1-8　百家争鸣

总之，齐国建立之后，从太公封齐到齐桓称霸、晏婴相齐，再到稷下学宫，在长达 800 年的历史发展过程中，齐文化与各地域、各民族融合交流，发展成为以务实、创新和开放为特征的区域文化，对之后的齐鲁文化和中国文化的发展都产生了深远的影响。

资源链接 1-4　山东网络台：稷下论坛·稷下学宫与百家争鸣

伯禽治鲁后形成的鲁文化，是周公旦在周初所制定的一整套礼乐文化与鲁地固有东夷文化的融合。由于鲁之封地位于泰山以南的平原，肥沃的土地宜于农耕，因此鲁重视农业，农业发达，但工商业却远远落后于齐国。这也使得鲁人安土重迁，较易于接受“礼”的教化。鲁国实行“变其俗，革其礼”的政策，即用周礼的模式来改造鲁地固有的传统习俗，强调宗法制度，主张“尊尊亲亲”，讲求礼乐仁义。鲁国成了保存西周礼乐制度最多的国家。至春秋时，在周王室衰微、礼崩乐坏之际，许多小国纷纷到鲁国观礼、学礼。“周礼尽在鲁”和诸侯国至鲁观礼，说明鲁国已成为东方的文化中心，标志着鲁文化圈的形成。

春秋末期，鲁国产生了大思想家、教育家孔子。他创立了以仁和礼为核心的儒家学说，并且兴办私学，广收弟子，大力宣传和实践自己的思想主张。孔子继承和发展了鲁国文化，并且通过自己及其弟子的努力，大大提高了鲁国文化的地位。鲁国还出现了墨子创立的墨家学派。儒家、墨家学派的形成也是鲁文化圈形成的标志。

战国时期，以子思、孟子为代表的思孟学派在儒家学说的发展传播上影响最大。子思对孔子的中庸思想加以发挥，以“诚”为核心，探讨身心性命之学。子思之后，子思门人及后来的孟子继续宣传儒学。孟子将孔子的仁爱观念发展为仁政思想，他曾游历诸国，培养门徒，捍卫、传播儒家学说。孟子的巨大影响力有助于扩大鲁国文化的影响，儒家学说迅速传遍各国。同时，墨家弟子也在积极宣传墨家主张，儒家、墨家学说的传播进一步扩大了鲁文化圈的影响。最终鲁文化发展成为一种重仁义、尊传统、尚伦理的文化传统，为礼乐文明在东方的传播与发展作出了贡献。

（二）齐文化、鲁文化的交融及齐鲁文化的形成

由于自然环境、宗族文化传统以及治国方略等的不同，齐、鲁文化呈现出不同的文化特色，如齐国务实开放，鲁国注重礼乐。沿着不同的文化道路，齐、鲁文化逐渐确立了文化上的领先地位。但是同时，齐、鲁都继承了东夷、夏、商、西周的先进文化，而且两地相望相邻，在文化上必然存在着深层的联系，如两国都崇周礼、重教化、尚德义、重节操等。这种同根同源而又相互毗邻的关系，以及齐文化、鲁文化的不断传播，必然会带来齐、鲁文化圈的交叉重叠，齐文化、鲁文化也必然会逐步融合。

春秋时期，齐、鲁文化就已经出现交流融合的趋势。孔子赴齐国，使儒家思想对齐国产生了最初的影响。齐国晏婴与鲁国孔子大致同时，孔子所礼敬的众人之中就有晏婴，晏婴也赞赏孔子，曾在陪同景公至鲁时专程拜访孔子。晏婴与孔子二人的交往也象征着齐鲁两国的文化交流。另外，齐、鲁之间进行的军事斗争、会盟、联姻等也必然带来齐、鲁文化的交流与融合。

二者的大规模交流融合发生在战国时期。齐国通过军事手段控制了鲁国，齐文化也逐步渗入鲁文化之中。鲁文化则在儒学的传播过程中融入齐地。孔子以后，他的弟子散游诸侯，子思、孟子都曾游于齐国，孟子更是累计居齐达二十年之久，对传播儒学起到了重要作用。齐国的稷下学宫更是齐、鲁文化交流融合的重要场所。推崇孔子思想的荀子在稷下学宫三任祭酒，为在齐国传播儒学作出了贡献。还有其他的儒家学者以稷下学宫为阵地与各家学说论辩交流，也促进了鲁文化向齐地的渗透。

随着两国文化的不断交流、融合，你中有我，我中有你，二者俨然已是一体，最终实现合流，齐鲁文化形成。秦汉时期，在大一统的政治背景下，齐鲁文化由地域文

化上升为主流文化。它作为地域文化的独立性逐渐淡化，最终融入了统一的中华传统文化中，成为中华传统思想文化的核心。

第2节　齐鲁传统文化的基本特征及当代意义

一、基本特征

（一）坚守传统，继往开来

西周分封立国，齐国尊重东夷文化传统并予以改造发展，鲁国作为周王室的宗亲国则注重传承“周礼”。虽政策相左，但实质上都是以继承优良文化传统为立国之策。春秋时期，礼崩乐坏之际，孔子删述六经，使传统典籍得以保存。齐鲁文化实现了在传承中发展、在创新中传承，实现了继往与开来的统一。齐鲁大地特别注重对以孔孟为代表、以仁和礼为核心的儒家文化的传承与创新，至今仍被称作“孔孟之乡”。

（二）刚健有为，积极进取

“天行健，君子以自强不息”。齐鲁文化的主要代表人物孔子、孟子、墨子、姜尚、管仲、孙子等以及以他们为代表的儒家、墨家、兵家等学派都积极入世，充满刚健进取、自强不息的精神。孔子一生好学，“学而不厌，诲人不倦”，积极奔走于各国推行自己的政治主张，甚至“知其不可而为之”，致力于实现天下大同的政治理想。此后的儒家子弟也纷纷继承了孔子的精神。墨家为济世救民，日夜不休地推行“兼相爱，交相利”的主张。齐国兵家分析历史与现实，在实践基础上，写出了一部又一部兵家经典。刚健有为、积极进取、务实拼搏是齐鲁文化不断丰富和发展的动力源泉。

（三）海纳百川，开放包容

从来源上看，齐鲁文化是多源头的，是夏文化、商文化、周文化和东夷文化在东夷故地上不断分化与融合的结果，这也就决定了齐鲁文化的开放性与包容性。一个突出的表现就是齐国的稷下学宫。它以平等、开放、自由的态度吸纳了学术立场各异的学者，他们在稷下学宫辩论交流，使这里成为诸子荟萃、百家争鸣的主要阵地。在之后几千年的发展中，齐鲁文化始终能够兼容并蓄，不断丰富和发展着文化内涵。

（四）崇德重礼，忠诚守信

齐鲁自古就是礼仪之邦，仁义礼智信的思想深深根植于齐鲁大地。孔子和儒家极力主张以“礼”为标准，处理好社会中的各种人际关系。春秋时期就有“周礼尽在鲁”的说法。忠诚守信是儒家道德伦理思想的重要内容。“主忠信”“信近于义”“人而无信，不知其可也”等都在强调诚信的重要性。

（五）尚义爱民，以人为本

齐国将人本思想充分落实到治国理政的实践中。太公封齐，施行“因其俗，简其礼”的政策，尊重东夷人的民风民俗，是对人的个性与权利的尊重。管仲、晏婴也都主张富民利民，注重顺应民心、从民所欲。儒家学派的思想体系集中体现了人文关怀和人道主义精神。孔子提出“仁者，爱人”“己所不欲，勿施于人”；孟子将“仁”的思想与政治紧密结合，提出“民为贵，社稷次之，君为轻”，大力推行“仁政”主张，将民本思想提到了新的历史高度。尚义爱民、以人为本是齐鲁文化主体精神的重要体现。

二、当代意义

文化是一个国家、一个民族的灵魂。文化兴则国运兴，文化强则民族强。没有高度的文化自信，没有文化的繁荣兴盛，就没有中华民族的伟大复兴。中华优秀传统文化，为中华民族一次次的浴火重生、凤凰涅槃提供了深层次的精神力量，为中华民族生生不息、发展壮大提供了精神滋养。齐鲁文化作为中华传统文化的重要组成部分，正成为山东地区经济、社会、文化发展的动力源泉，也为中国特色社会主义文化的繁荣发展提供了重要资源。

齐鲁文化的价值观念、主体精神作为中华民族的文化基因代代相传，根植在海内外中华儿女内心，潜移默化地影响着人们的思维方式和行为方式：齐鲁文化刚健有为、积极进取的人生观，是支撑中华民族在困境中迎难而上、攻坚克难的强大精神力量；齐鲁文化兼容并蓄、海纳百川的文化观，是中华文明历经挫折和磨难、历久弥新的重要原因；齐鲁文化满载的人文关怀、人道精神，崇德尚法、德法兼顾等观念，在当代政治、经济、文化、外交等领域仍具有积极的借鉴与传承意义。

此外，齐鲁文化的价值观与共产主义、社会主义在多个层面上可以互通互释，符合社会主义核心价值观：“大同”世界的图景与共产主义社会理想在精神上有异曲同工之意；儒家“君子”的操守修养与社会主义道德也颇多相似；“民为贵、君为轻”等政治主张与“平等”“民主”的价值目标有相通之处；等等。

齐鲁文化的代表——儒家学说以及在此基础上发展起来的儒家思想在国内外依然具有深远的影响力。在中华民族形成和发展的进程中，儒家思想同其他思想文化一道，与时俱进，不断更新，因而具有了强大而长久的生命力。在今天，儒家思想中蕴藏的智慧，对解决当代面临的诸多难题仍有重要启示。

从2004年起，我国开始探索在海外设立非营利性教育机构“孔子学院”，以教授汉语和传播中国文化为宗旨。十几年来，孔子学院快速发展，已成为世界各国人民学习汉语和了解中华文化的窗口，成为中外文化交流的平台，成为中国人民与世界各国人民友谊合作的桥梁。

延伸阅读1-4 **孔子学院**

截至2017年12月31日，全球154个国家（地区）建立548所孔子学院和1193个孔子课堂。孔子学院147国（地区）共548所，其中，亚洲34国（地区）126所，非洲43国59所，欧洲41国182所，美洲24国160所，大洋洲5国21所。孔子课堂83国（地区）共1193个（缅甸、瓦努阿图、格林纳达、莱索托、库克群岛、安道尔、欧盟只有课堂，没有学院），其中，亚洲22国114个，非洲18国41个，欧洲30国341个，美洲9国595个，大洋洲4国102个。

齐鲁文化在当代依然魅力四射。作为齐鲁文化的传承者，我们应该秉持山东人民的文化自信与自觉，做齐鲁传统文化的坚守者、传承者、传播者，担负起新的文化使命，在实践创造中进行文化创造，在历史进步中实现文化进步。

小　　结

齐鲁传统文化是在独特的历史地理环境中以东夷文化为源头、夏商周文化和东夷文化互融的基础上产生的，是齐文化和鲁文化不断分化与融合的结果。齐鲁传统文化源远流长，具有丰富的精神内涵和基本特征，是山东人民乃至中华民族的宝贵精神财富。

练习与思考

一、填空题

1. 考古发现说明，山东及其周围地区存在着北辛文化——________文化——山东龙山文化——________文化的新石器时代考古谱系。

2. 齐鲁立国前，在今山东地区生活的土著居民是________。

3. 整个商代，山东一直是商文化发达的区域，________遗址、青州苏埠屯遗址出土的大量文物都是重要的证明。

4. 齐国第一代国君是________。

5. 在政治上，齐国采取了“因其俗，简其礼”的政策，鲁国则采取了“________”的政策。

6. 在用人政策上，齐国遵循“尊贤尚功”，鲁国则遵循“________”。

7. 齐国威、宣之际，________学宫成为一个文化中心，孟子和荀子都曾来到这里。

二、思考题

1. 忠诚守信是儒家道德伦理思想的重要内容。“主忠信”“信近于义”“人而无信，不知其可也”等都在强调诚信的重要性。对此你是怎么理解的？谈谈你的看法。

2. 山东济南农民刘延宝祖孙四代为济南战役中牺牲的烈士修建墓地，担当着义务护墓人的重任，他们用 60 多年的诚心，谱写了一曲忠义守信的赞歌。2015 年，刘延宝被评为“齐鲁最美人物”。齐鲁文化在现代社会依然以各种方式影响着山东人民的思想、生活方式等等，你能结合齐鲁文化的基本特征举例说明吗？

实践活动

寻找身边的传统文化

【活动目标】

（一）了解齐鲁大地的文化古迹、风景名胜、民俗风情、名人事迹等，激发热爱家乡、热爱传统文化的热情。

（二）培养利用现代信息技术，多渠道搜集、选择、组织材料的能力。

（三）在活动实施中培养团结协作精神，在成果分享中提高表达能力。

【活动方法】

（一）任务驱动法

教师指导学生设计活动任务书，细化任务，多给抓手，最大限度地激发学生参与活动的积极性和主动性。

（二）小组合作法

以小组为单位展开活动，鼓励学生合作探究，协作学习。

【活动流程】

（一）活动准备

1. 设计活动方案。师生根据活动目标，围绕活动主题，结合当地旅游、文化等特点，共同设计出具有地域特色、切实可行的活动方案。

2. 合理分组，明确任务。根据学生性格特点、兴趣爱好及家乡的地理位置等，分为美景、美韵、美誉、美文等四个小组。每个小组根据活动方案制订本组的活动计划，写出具体的活动任务书。

（二）活动实施

1. 登录平台，查询资料。每位学生登录班级交流平台，查询活动要求，明确活动规则及评价标准，以保证活动扎实有效地开展。

2. 分组搜集整理资料。四个小组根据自己的任务书，或利用图书馆和网络，或实地参观考察，或访问当地名人等，搜集整理资料。

美景组：搜集名胜古迹、山川秀水等极具齐鲁特色的景点资料。

美韵组：搜集齐鲁独具韵味的民俗风情资料。

美誉组：访问家乡的一到两位杰出人物，或收集齐鲁历史文化名人资料。

美文组：搜集并创作承载齐鲁美好记忆的文学作品。

3. 准备活动展示资料。各小组分工合作，撰写活动报告，准备口头介绍，制作幻灯片。

整个活动过程教师要参与其中并及时指导。

（三）成果展示

1. 明确本次活动的评分标准和评价方式。

2. 成果分享。小组代表结合幻灯片，展示解说本组的活动报告。其他小组质疑提问，班内互动交流，按照标准进行评价。重点展示小组的活动成果，分享美景、美韵、美誉、美文。

3. 活动总结。全体学生相互交流，教师从活动过程到活动成果两方面进行总结。

第2章 文化古迹

齐鲁大地，人杰地灵，有山有水有圣人。这里不仅是中华文明的摇篮，同时也是中华文化的发源地之一。鲁国故都曲阜孕育出了灿烂的文化，特别是以孔子和孟子为代表的儒家文化，影响巨大。流经境内的京杭大运河甚至接通了古代“海上丝绸之路”，创造出独具特色的运河文化。巍巍泰山成为中华民族的象征，文化遗产极为丰富。境内的泉、河、海也产生了异彩纷呈的文化。让我们一一走进这些文化古迹，领略其文化内涵。

第1节　鲁国故都及“三孔”

一、鲁国故都

鲁国故都曲阜位于今山东省西南部，泰山山脉南面，是中国古代文化重镇。公元前11世纪，西周建立以后，周武王封宰辅周公姬旦为鲁公，以曲阜为都城。

延伸阅读2-1　“曲阜”的由来

“曲阜”之名最早见于《礼记》，东汉应劭解释道：“鲁城中有阜（阜：在古代指不属于山陵的土山）委曲长七八里，故名曲阜。”这便是曲阜名字的由来。

西周时期的曲阜是当时除西周都城镐京以外，文化最为发达的城市。由于周公姬旦留在朝廷辅政，其嫡长子伯禽就封，并带来了大量的典籍与器物，形成了融合东夷、夏商、西周文化于一体的鲁文化。即便是到了礼乐凋敝的春秋战国时代，曲阜仍保有丰富的文化留存。以至于后人有“千年礼乐归东鲁，万古衣冠拜素王”之说。

目前发掘出的故城周长11.9千米，东西长3.7千米，南北宽2.7千米，城的四周围有城壕。故城经过千百年来的兴衰变更、物换星移，如今曲阜市内的鲁国故城位于其原址的西南角，面积仅占原有面积的1/7（图2-1）。

图2-1　鲁国故城

曲阜的历史虽然如“先生之风，山高水长”，但真正让它扬名天下的却是前面提到的那位“素王”。“素王”是孔子的别称。孔子生于尼山，长于阙里，葬于泗上（也就是今天孔林所在的地方）。因此后人习惯将他生活（孔府）、安葬（孔林）以及祭奠他的地方（孔庙）称之为“三孔”。

延伸阅读2-2　孔子为什么叫素王？

第1种说法：民间传说，孔子降生的当天晚上，有麒麟降临阙里孔府人家，并吐玉书。此即告诉众人，孔子非凡人，乃自然造化之子孙，虽未居帝王之位，却有帝王之德，堪称“素王”。

第2种说法：冯友兰著《中国哲学简史》在叙述修《春秋》时，提到有儒学家认为孔子修《春秋》是代王者立法，有王者之道，而无王者之位，故称“素王”。

二、孔　　庙

“三孔”，是人们对孔庙、孔府、孔林的简称。它既是中国历代纪念孔子、推崇儒学的表征，又是儒家文化集大成的载体，以丰厚的文化积淀、悠久的历史、宏大的规模、丰富的文物收藏以及巨大的科学艺术价值而著称。

（一）孔庙历史

孔庙又称“阙里至圣庙”，是祭祀孔子的场所。孔庙始建于公元前478年，即孔子去世后的第2年。由于鲁哀公常向孔子请教治国之学，为了表示对孔子的尊崇，便作悼词以祭奠，并下令以孔子生前居住过的3间房屋为“寿堂”，屋内供奉孔子生前所用的衣、冠、琴、车、书等遗物，命令孔子的后人每年按时祭奠，这便是孔庙的雏形。153年，汉桓帝下令修建孔庙。221年，魏文帝下诏重修孔庙。唐太宗李世民曾下旨，全国各州、县必须修建孔庙，以尊崇儒学，促进教化。因此孔庙便成了分布最广泛的礼制祀庙。据史料记载，自东汉至清末历代共派朝臣赴孔庙祭祀196次，帝王亲自拜祭也有19次。

（二）孔庙建筑格局

孔庙的建筑是仿照皇宫的规格建造的，沿一条1000多米长贯穿南北的中轴线展开布置，九进院落，左右排列基本对称。从大圣门起，建筑分成3路：中路自南向北依次为大成门、杏坛、大成殿、寝殿、圣迹殿及两庑，分别是祭祀孔子以及先儒、先贤的场所；东路为崇圣门、诗礼堂、故井、鲁壁、崇圣殿、家庙等，多是祭祀孔子上五代祖先的地方；西路为启圣门、金丝堂、启圣王殿、寝殿等建筑，是祭祀孔子父母的地方。全庙共计有104座建筑，房屋466间（图2-2）。

现存孔庙建筑群主要是在明清时期建成，经两朝多次改扩建而成。如今的孔庙与北京故宫、承德避暑山庄并称为“中国三大古建筑群”。

（三）孔庙主要人文景观

1. 奎文阁

进入孔庙穿过同文门，就是以藏书丰富而闻名的奎文阁。阁前顶檐下有一块雕龙木制匾额，上书“奎文阁”3个大字，为乾隆皇帝手书。奎文阁为孔庙内最为古老的建筑，是古代十大名楼之一（图2-3）。

图 2-2 孔庙

图 2-3 奎文阁

图 2-4 奎文阁建筑结构图

“奎”是星名，28 宿之一，奎星共 16 颗。它的形状“屈曲相钩，似文字之画”，所以《孝经》称“奎主文章”，后人进而把奎星演化为文官之首。后人为赞颂孔子，就将此楼命名为奎文阁，意为孔子是天下文人之首。

奎文阁高 23.35 米，阔 30.1 米，深 17.62 米，三重飞檐，四层斗拱。建筑结构合理，坚固异常（图 2-4）。清康熙年间的大地震使曲阜“人间房屋倾者九，存者一”，奎文阁就是存者之一，岿然屹立，不愧为古代木质结构建筑之最。

2. 大成殿

在十三碑亭的后面穿大成门而过，就是祭祀孔子的主要场所——大成殿，这里是孔庙的灵魂。曲阜孔庙的大成殿与北京故宫的太和殿、泰安岱庙的天贶殿并称为“中国三大殿”（图 2-5）。

大成殿原名宣圣殿、文宣王殿，宋徽宗时期改称“大成殿”，并亲书匾额。后经多

图 2-5 孔庙大成殿

次重建，于清朝雍正年间被特许按照皇宫规格设计扩建。

大成殿修建于2层台基之上。殿内阔9间，深5间，占地1836平方米。从殿外望去重檐九脊，黄瓦飞龙，气势雄伟。双重飞檐正中竖匾，上刻清朝雍正皇帝御书。廊下环立28根雕龙石柱，均以整石刻成。大成殿斗拱之密集，可与皇宫相比，其寓意是要显示规格之高，享受帝王之礼遇。

殿内正中摆放的是供奉在贴金雕龙神龛中的高3.55米的孔子坐像。塑像前，精雕细刻的牌位正中书写红底金字“至圣先师孔子神位”。在塑像两侧有4配12哲的塑像。4配中颜回、子思居东，曾子、孟子在西。12哲东面为子骞、仲弓、子贡、子路、子夏、子若，西面为冉耕、宰予、冉求、言偃、颛孙师、朱熹。除朱熹外，其余11位都是孔子的弟子。

延伸阅读2-3 “万仞宫墙”4个字的由来

“万仞宫墙”源出《论语》，据记载孔子的弟子子贡曾辅佐鲁国国君。有一天，鲁国大夫孙武叔在朝廷上对大夫们说：“子贡比孔子强些。”子贡听闻此言就打了个比喻说：“学问就好比是宫墙，我的这道墙也就有一般人肩头那么高，大家可以一览无余地看到墙内的一切；而我老师孔子的那道墙却有数仞之高，如果找不到它的门，就无法看到墙里面雄伟的宗庙和富丽堂皇的房舍。”孙武叔听了这番话，顿时为自己的浅薄感到无地自容。

在古时七尺或八尺叫作一仞，后人觉得“夫子之墙数仞”不足以表达出对孔子的敬仰，于是就有了“万仞宫墙”（图2-6）的说法。

图 2-6 万仞宫墙

延伸阅读2-4 “金声玉振”坊的传说

“金声玉振”坊指孔庙第一道坊门，建于明嘉靖十七年（1538年），石质，3间4柱3楼结构。“金声玉振”语出《孟子》。在古代奏乐时，以击钟（金声）开始，以击磬（玉振）结束。孟子以此比喻孔子思想是集古圣贤之大成。据传说，将“玉”字的一点点在中间，寓意着孔子不上不下的中庸之道。也有人说此意是表示声音适度、最好听（图2-7）。

图2-7　金声玉振坊

（四）孔庙的历史意义和文化价值

作为祭祀孔子的场所，孔庙建筑时间久远，是集历史、建筑、雕刻、绘画、书法成就于一体的古代殿堂。它不仅是历朝历代的统治者推崇儒学的历史见证，也是中华传统文化的综合载体，孔庙的修建历史更体现了劳动人民智慧的结晶。孔庙自始建以来经过2000多年的文化融合已经成为中华民族的精神家园，是中华民族文化的象征。

三、孔　　府

（一）孔府历史

孔子去世后，其后人世代悉心看管孔子的遗物并一直居住在孔庙旁，直到宋仁宗在位时加封孔子第46代嫡孙孔宗愿为“衍圣公”，并在曲阜修建了一座衍圣公府赐予孔宗愿。后来经过2次迁动，将衍圣公府与孔庙建于一起。随着孔子后裔官爵的不断晋升，孔府的建筑规模也逐步扩大，以至于成为除北京故宫外现存规模最大、最为豪华的封建贵族府邸，号称“天下第一家”。府内楼堂厅轩栉次鳞比，雕梁画栋，富丽堂皇（图2-8）。

图2-8　孔府

（二）孔府建筑格局

孔府作为一处私人宅院，规模可比肩皇宫，这在中国历史上是绝无仅有的。孔府共有九进庭院，分三路布局：东路即东学，自南向北依次是报本堂、慕恩堂、一贯堂、孔氏家庙及作坊等；西路即西学，自南向北依次有红萼轩、忠恕堂、安怀堂、花厅及学屋；孔府的主体部分在中路，前为官衙，有大门、二门、重光门、三堂六厅，后为内宅，有前上房、前后堂楼、配楼、后六间等，最后为花园。孔府是明代典型的衙宅合一的品官建筑群。

（三）孔府主要人文景观

1. 大堂、二堂、三堂

进入大门就到了大堂（图 2-9），也叫正厅，是衍圣公当年处理政务、府务、接见朝廷大员、宣读圣旨、进行袭封大典、举办重大活动等的场所。大厅内陈列有各种仪仗（图 2-9）。

图 2-9 孔府大堂

A. 外景；B. 内景

大堂后面就是二堂，也叫后厅，是接见四品以上官员的场所，也是替朝廷选拔礼、乐、童生的地方。

二堂后面的三堂也叫退厅，是接见四品以下官员和近亲族人的地方（图 2-10）。

图 2-10 孔府三堂

A. 外景；B. 内景

2. 内宅门

走过前三堂，眼前便出现了一道门，即内宅门。门第虽然不大却极为重要，孔府就是以此门为界限划分为内宅与外宅，偌大的孔府想要进入内宅只有此路一条。内宅为女眷生活区，外人是不准随意进入的。这体现了中华传统的三纲五常、内外有别和男女有别的思想（图 2-11）。

图 2-11　孔府内宅门

A. 外侧；B. 内侧

3. 东学重道，西学著文章

孔府东路又称东学，东学建筑主要体现儒家的思想，如慕恩堂表示对皇上的忠心，一贯堂表达兄弟间的情谊，抱本堂则表达了对祖先的尊崇。孔府西路称为西学，是专为读书修身所建。

我国古代知识分子以“立德”“立言”为价值追求，孔府内的东、西两学正体现了“文章道德圣人家”的理念。

延伸阅读 2-5　趣说孔府大门的对联

孔府门联“与国咸休安富尊荣公府第，同天并老文章道德圣人家”，是清朝《四库全书》总纂官纪晓岚所书。其中“富”字上面少一点，据传说寓意“富贵无头”，“章”字一竖通到上面的“立”字，寓意“文章通天”。此联概括出千百年来“圣人家”的气派（图 2-12）。

图 2-12　孔府大门

延伸阅读2-6 “冷板凳”的故事

孔府内大堂后有一条长廊与二堂相通，内有两条长凳。这里面有一个故事，据说明末权臣严嵩把他孙女嫁给了孔子第64代孙孔尚贤作了一品公夫人。两人日子过得幸福美满。可严嵩作恶多端受到揭发，为免罪，专程来到曲阜求衍圣公替他向皇上求情。严嵩在这凳子上坐了好久也不被衍圣公接见，便悻悻而归。后来，人称此凳为“冷板凳”（图2-13）。

图2-13 “冷板凳”

延伸阅读2-7 “六代含饴”的典故

清朝乾隆时期，乾隆皇帝第4次来到孔庙，孔子第67代孙孔毓圻的夫人黄氏已经81岁高龄了，而孔子第72代孙孔宪培也已经出世，从黄氏到孔宪培已是六代同堂。乾隆帝看到孔府人丁兴旺，家庭和睦，生活像吃了饴糖一样甘甜，遂赐此“六代含饴”的匾额。

后来“六代含饴”这一说法流传民间，当地便流行了一种特产：类似于高粱饴的软糖，名为“六代含饴糖”。至今当地还流传有这样的说法：“嘴里不含块‘六代含饴糖’就不算进过孔府。”

（四）孔府的历史意义和文化价值

孔府是我国封建社会中典型的衙宅合一的府邸。孔子嫡系子孙一向以“礼门义路家规矩”相标榜，恪守诗礼传家的祖训，建筑也受到儒家礼仪的影响，留下儒家宗法制度与伦理观念的烙印。

四、孔　林

（一）孔林历史

孔林是埋葬孔子及其后代子孙的家族墓地。林内的建筑，始于公元前479年，孔子卒后，群弟子守墓。北宋时期正式形成了墓道的轴线。由于墓地的扩大，轴线的确定，因此冢旁守墓的后人迁至林外居住，逐渐成村。元、明两代完成了孔林的主要建筑和神道的建设，使孔林成为一座规模宏大的墓园（图2-14）。

（二）孔林主要人文景观

万古长春坊位于神道中心，为6柱5间5楼石坊，是神道中最重要的建筑物。坊两面皆刻有“万古长春”4字匾额。坊下3条通道，前后各砌石阶3道。万古长春坊整个造型稳重美观，雕刻精美，是国内为数不多的石雕牌坊精品（图2-15）。

图2-14 孔林

图2-15 万古长春坊

第2节 齐国故城

一、临淄故城

图2-16 临淄齐国故城（齐国历史博物馆）

临淄故城也即齐国故城，是西周至战国时期齐国的都城遗址。在山东淄博临淄区齐都镇（旧临淄县城）的西北面，东临淄河，西依古系水，总面积20余平方千米（图2-16）。

临淄作为齐国的都城，是列国中最为繁华的都城之一，也是当时东方重要的政治、经济、文化中心。

延伸阅读2-8 封国安邦

武王灭商后，同姜子牙、周公旦等人商议，把全国分成若干个侯国，由周天子分封给在灭商大业中作出贡献的姬姓亲族和有功之臣建都立国，充当周朝统治中心的屏障，即所谓“封建亲戚，以藩屏周”。由于姜子牙在兴周灭商中功勋卓著，被首封于齐地营丘（即今山东淄博临淄区）建立齐国，以稳定东方。

公元前1045年，姜子牙带领本部人马奔营丘而来。姜子牙一行离京匆匆，但一出镐京城，就把脚步放慢了。多年来征战不止，难得此行借机观赏一下沿途风光。队伍晓行夜宿。一天傍晚，他们来到离营丘不远的地方宿营，姜子牙睡得迷迷糊糊之际，突然听到隔壁有人说道：“听说当今天子封了好多诸侯。听这伙人的言语，大概就是去封地。”另一个人说：“我看不大像。常言说，机会得之不易失之易。若是去就封，绝不会如此游山观景，慢慢腾腾。”姜子牙听后睡意全无，急命整顿人马披星戴月赶赴营丘。

不几日，姜子牙一行来到齐地，果然一支莱夷人的队伍正朝营丘进发，莱侯想趁姜子牙立足未稳之际抢占营丘。两军在淄河西岸展开对垒，姜子牙指挥镇定自若，士兵作战英勇顽强，莱夷军被杀得丢盔弃甲，悻悻而回。齐国就这样正式建立起来。

（一）故城布局

临淄故城包括大城和小城两部分，小城嵌入大城西南角，为“大城咬小城”格局。大城南北4.5千米，东西3.5千米，是官吏、平民及商人居住的郭城；小城南北2千米，东西1.5千米，是国君居住的宫城。两城面积15.5平方千米。

现已开放的遗址有东周墓殉马坑、齐故城排水道口、孔子闻韶处、桓公台等。

延伸阅读2-9 孔子“三月不知肉味”

《史记·孔子世家》载：“子与齐太师语乐，闻《韶》音，学之，三月不知肉味，齐人称之。”《论语·述而》又载：“子在齐闻《韶》，三月不知肉味。曰：‘不图为乐之至于斯也。’”（图2-17）

图2-17 孔子闻韶处

孔子听说周天子的大夫苌弘，知天文，识气象，通历法，尤其精通音律，于是便专门来苌弘家拜访。

孔子说：“丘，喜爱音乐，却半通不通。《韶》乐和《武》乐都很高雅，都流行于诸侯国的宫廷之间，二者的区别在哪里呢？”苌弘说：“据弘愚见，《韶》乐，乃虞舜太平和谐之乐，曲调优雅宏盛；《武》乐，乃武王伐纣一统天下之乐，音韵壮阔豪放。就音乐形式来看，二者虽风格不同，都是同样美好的。”孔子进一步问：“那么，二者在内容上有什么差别吗？”苌弘回答说：“从内容上看，《韶》乐侧重于安泰祥和，礼仪教化；《武》乐侧重于大乱大治，述功正名，这就是二者内容上的根本区别。”孔子恍然大悟地说：“如此看来，《武》乐，尽美而不尽善；《韶》乐则尽善尽美啊！”苌弘称赞道：“孔大夫的结论也是尽善尽美啊！”孔子再三拜谢，辞行回国去了。

第二年孔子出使齐国，齐国是《韶》乐和《武》乐的正统流传之地。正逢齐王举行盛大的宗庙祭祀，孔子亲临大典，痛快淋漓地聆听了三天《韶》乐和《武》乐的演奏，进一步印证了苌弘的见解。而孔子出于儒家礼仪教化的信念，对《韶》乐情有独钟，终日弹琴演奏，如痴如醉，常常忘形地手舞足蹈。一连三个月，睡梦中也反复吟唱；吃饭时也在揣摩《韶》乐的音韵，以至于连肉的味道也品尝不出来了。

（二）遗址分布

大城中部偏西和南部有大片战国、汉代冶铁遗址，东北部和北部有东周与汉代制骨遗址，中部阚家庄东南有汉代冶铜、铸钱遗址，中部偏南刘家寨周围有大型夯土建筑基址。

小城南部有冶铁、炼铜和铸钱遗址。桓公台是高14米、南北长86米、东西宽70米的夯土台基，顶部分为3层，是小城的中心建筑。

延伸阅读2-10　齐桓公

齐桓公是春秋五霸之首，公元前685—公元前643年在位，春秋时代齐国第15位国君，姜姓，吕氏，名小白，终年73岁，是姜太公吕尚的第十二代孙。齐桓公任用管仲为相，推行改革，实行军政合一、兵民合一的制度，齐国逐渐强盛。齐桓公于公元前681年在北杏（今山东鄄城）召集宋国、陈国、蔡国、邾国4国诸侯会盟，是历史上第一个充当盟主的诸侯。当时中原华夏各诸侯苦于戎狄等部落的攻击，齐桓公采用管仲的意见，打出“尊王攘夷”的旗号，团结其他诸侯，北击山戎，南伐楚国，在诸侯国中树立了威信。后来，齐桓公召集诸侯国在葵丘会盟，“九合诸侯，一匡天下”。周王室也派人参加，正式承认了齐桓公的霸主地位。

资源链接2-1　央视网视频：《百家讲坛》春秋五霸（二）桓公继位

1. 城垣遗址

我国最早的城墙出现在新石器时代中期，是一种并不十分先进的防御构筑物。进入周代，出现了一次筑城高潮，这时的城市，已不仅是政治、军事、经济中心与居民麇集之处，而且也是等级的象征。

临淄故城的城墙，在漫长的岁月变迁中，由于人力、自然的毁坏，有许多已经湮没地下，但城墙残垣尚存，夯筑痕迹依稀可辨。大城东墙因临河修筑，多曲折。城墙用夹板夯筑，从东周至汉代经多次增筑和修补，基宽20～30米，最宽达43米。地面保存最高处达5米以上。早期夯层较薄，多小杵夯，晚期夯层厚，多平夯。小城城墙基宽20～30米，最宽处达60余米。

2. 排水系统

临淄故城利用淄河和系水作东西两面的自然护城河。筑城之时，在大城南北城墙外和小城的四周挖筑了很深的人工护城壕沟，与淄河、系水相连通，使城四面环水，城池俱备，构成了一个完整的护城、排水网。

根据文物考古得知，临淄故城有3大排水系统，4个排水道口。1号排水系统，位于小城西北宫殿区，南起桓公台的东南，通过桓公台的东部和北部，向西穿过西墙下的1号排水道口注入系水，全长700米，宽20米。2号排水系统，位于大城西北部，由一条南北走向水沟和一条东南至西北走向排水道组成，南起小城东北角，顺南高北低的地势直通大城北墙西部的2号排水口注入北墙外护城壕，全长2800米，宽30米，深3米左右。东西走向排水沟是在这条南北走向排水沟的北段向西北分出一支流，流向西北，通过大城西墙北部的3号排水道口流入系水，长1000米，宽20米左右。这一排水系统承担着大城内绝大部分的废水和积水的排泄。3号排水系统，位于大城东北部，长约800米，起点不明，止于大城东墙北段的4号排水道口，流入淄河。

1979年，文物考古部门对3号排水道口进行了发掘清理，发现此段城墙墙基宽40米，排水道口建在城墙下，呈东西向，用自然青石垒砌构筑，总长42米，宽7～10.5米左右。由进水道、过水道、出水道3部分构成。过水道用石块构筑出15个方形小过水孔，水孔分上、中、下3层，每层5孔，水经石隙而过，人却不能通过，既能排水

图 2-18 临淄故城排水道口遗址

又能御敌，建造十分科学（图 2-18）。

临淄故城的排水系统设计科学、巧妙，布局周密、合理，是根据城内南高北低的自然地势建造而成，是排（取）水与城防相结合的完整体系。这在 2000 年前的城建中是十分罕见的，与当时临淄作为世界上最大城市之一的地位是相适应的。

3. 交通干道

临淄故城内共发现 10 条干道，其中小城内有 3 条，大城内有 7 条。大城主干道路，大多与城门连接，有的贯穿全城，路宽 6 米以上，其中 2 条南北主干道路宽达 20 米。这些道路多十字交叉，把城内划分为若干街区。小城主干道路分别与南门、西门和北门连接，路宽 8～17 米。沿城墙内侧还有宽 6 米左右的环城路。

4. 手工业作坊遗址

临淄故城中，今已发现冶铁遗址 6 处，炼铜遗址 2 处，铸钱遗址 2 处，制骨遗址 4 处。

（1）冶铁遗址：临淄是著名的冶铁中心之一，冶铁遗址数量多，面积大；出土铁器数量多，种类齐全，足可以证明当时临淄冶铁业的繁盛。目前临淄故城勘探发现 6 处冶铁遗址，大城 4 处小城 2 处，其中位于大城南墙西门以内大道两侧的冶铁遗址，面积约 40 万平方米，这是 6 处冶铁遗址中规模最大、遗迹最丰富的 1 处；另外临淄商王墓地 3 座墓中出土铁器 103 件，临淄窝托齐王墓 5 个陪葬坑，出土铁器约 401 件，均是周至汉墓葬中早期铁器出土量较大的。

（2）炼铜遗址：大城和小城各有 1 处。从试掘中得知大城遗址是春秋前期的地层，小城属东周时期的地层。

（3）铸钱遗址：临淄是春秋战国时期著名的东方工商业大都市。20 世纪 50 年代以来，临淄故城遗址中东周秦汉时期的钱范多有发现，为研究当时的钱币铸造业提供了实物证据，而新莽时期大布黄千铜钱范的发现，更为研究新莽时期临淄（新莽时期临淄曾更名曰“齐陵”）的钱币铸造业提供了珍贵的实物资料。大布黄千铜钱范，1984 年出土于临淄故城的大城北部，现收藏于齐国故城遗址博物馆。钱范共 2 件，馆藏编号分别为 P30018 和 P30019，均为铜质钱范模（图 2-19）。

钱范 P30018，整器呈圆角方形的浅盘状，有边框，宽沿外折。范模正面边长为 8.1 厘米 ×8.2 厘米，折沿最宽处为 0.4 厘米，最窄处为 0.3 厘米。范模正面的盘中心有一个凸起的圆柱形浇道模，直径 0.8 厘米，有一条中线纵向穿过圆柱形浇道模并将范模均分为左右两部分，应为制作母范时的中线。范模内左右各设有布形钱模一枚，一正一反，右侧为正面钱模，左侧为反面钱模，正、反钱模的中线的上部有一圆穿模，正面钱模凸起“大布黄千”的阳文。正面钱模的上、下和右侧各有一个三角形凸起作为榫钉，反面钱模的上、下和左侧各有一个凹下的三角形卯孔。范

图 2-19 临淄铜钱范模 P30018 正反面
A. 正面；B. 反面

模反面也呈圆角方形的浅盘状，边长为 7.1 厘米 ×7.9 厘米，盘底铸有阳文“大出一”字样。

（4）制骨遗址：故城内制骨作坊遗迹范围较广，主要在大城东北部和北部，比较集中的有 4 处，即崔家庄东北、河崖头村西南、东古城村以南、田家庄东北。这里的遗物十分丰富，不仅出土过刀石砥砺，而且残骨余料遍地皆是。

5. 墓葬特点

大城内发现两处墓地，一处在城东北部河崖头、东古城一带，有大中型墓 20 余座，这一带墓葬出土的随葬品中有不少精美的青铜器，均属西周和春秋时期，当是姜齐的公墓地。另一处在大城南部刘家寨、邰院一带，这里的墓葬都是积石、积蛤壳的中型墓，当为田齐时的王陵。

晏婴墓在临淄故城宫城北门外，今齐都镇永顺村东南约 350 米。墓高约 11 米，南北 50 米，东西 43 米。晏婴墓有 1982 年秋摹刻的清道光七年《古代友贤传略》所载晏平仲像，同时刻置晏氏传略石碑。文曰：“事齐灵、庄、景公，敢于犯颜直谏，匡正国君之谬，尚节俭且能力行，身为辅宰，食不重肉，妾不衣帛；性机敏，善辞令，奉使楚国，临大节而不辱。晏子死后墓于故宅旁。”晏婴冢是临淄八景之一（图 2-20），明代诗人韩超然有“古冢遗迹怀晏相”的诗句。

图 2-20 临淄故城晏婴冢

延伸阅读2-11 **晏子使楚**

晏子出使楚国。楚灵王知道晏子身材矮小，在大门的旁边开一个5尺高的小洞请晏子进去。晏子不进去，说："出使到狗国的人从狗洞进去，今天我出使到楚国来，不应该从这个洞进去。"迎接宾客的人带晏子改从大门进去。晏子拜见楚灵王。楚灵王说："齐国没有人吗？"晏子回答说："大王这话从哪里说起？齐国人很多，真可以说呵气成云，挥汗成雨，怎么能说齐国没有人呢？"楚灵王说："既然这样，为什么派你这样一个人来做使臣呢？"晏子回答说："出使上等国家的，派上等使臣去；出使中等国家的，派中等使臣去；出使下等国家的，派下等使臣去。我晏婴是最次不过的，只好派到贵国这儿来。"

楚灵王听了，脸红一阵，白一阵，再也想不起说什么话。这时有三四个武士，绑着一个人走到楚灵王面前。楚灵王故意高声问道："绑着的人是什么国家的人？犯的是什么罪？"武士高声回答："是齐国人，犯了偷窃罪。"楚灵王瞟着晏子说："齐国人本来就善于偷窃吗？"晏子回答说："我听说，江南的橘树，结的橘子个大味道又美。移栽到江北，结的橘子个小又苦涩，据说是水土不同。现在老百姓生活在齐国不偷窃，到了楚国就偷窃，莫非楚国的水土使得老百姓善于偷窃吗？"

资源链接 2-2　央视网《百家讲坛》名相晏婴 7 政兴于谏

临淄故城有规模庞大、保存完整的城建设施、宫殿建筑遗址、手工业作坊遗址和墓葬区，这在其他先秦都城遗址中极为罕见。丰富的地上地下文物古迹在中国文化史上占据着重要地位，对研究我国的历史变迁有着重要的参考价值。

二、齐 长 城

齐长城始建于春秋时期，完成于战国时期，历时170多年筑成，迄今已有2600多年的历史。齐长城俗称长城岭、大横岭，是齐国为防御鲁、楚及中原各国的军事入侵而建，也是齐国和鲁国的分界线，《管子》曰："长城之阳，鲁也；长城之阴，齐也。"（图2-21）

图 2-21　齐长城遗址

（一）建筑特点

齐长城西起黄河，东至黄海，东西蜿蜒千余里，几乎把整个山东分为南北两半。

经实地测量，齐长城全长 618.89 千米。此军事巨防，蜿蜒起伏在 1518 座山峰上；它历经平阴、长清、肥城、泰山区、泰安郊区、历城、章丘、莱芜、博山、淄川、沂源、临朐、沂水、安丘、莒县、五莲、诸城、黄岛区等县市。史称“千里长城”，比秦长城早四百余年。

齐长城多依山势而筑，山岭之地又多筑在峰顶处，故齐长城又有“长城岭”之称。随山势而筑城墙多用大小不一的自然石块砌成，未用灰浆凝固，但结构十分讲究。而平原低谷地段所筑长城又多夯筑而成，平地、河流、低谷处重点设防，以确保进出方便，能攻易守，土筑城墙也称钜防或防门，就地掘取黄土、黄黏土、沙土、沙砾土等材料，不论何种土质，都是加盐水板筑，至今盐渍可见。在山系顶峰险要处一般不见城墙遗迹，说明当时此处没有修筑城墙，有的地方即使修筑，规模也很小。在山系岭脊外缘陡险处，长城内侧地势较外侧要高出许多，一般可高出 2～3 米，而外城墙内只填以 3～4 米宽的土沙或碎石，所以齐长城较多处地段为单城墙，即只有外墙，无内墙，即使有内墙也较低，这样不仅起到了防御作用，同时借助天险，自成屏障，也节省了大量的人力、物力。

齐长城的主体建筑有城墙、关塞、燧、亭、烽火台等。城墙是长城的主体；烽火台多设在山岭的高巅之处，是军事设防传递信号的设施；而关塞和防门多设在平原低谷地段，是出入国境的必经之地，也是长城的要冲地带，此处一般修筑 2 层城墙，还多配设关卡和防门。据史料记载和现场考证，齐长城沿线有重要关塞 12 处，便门 9 处，古城堡及兵营遗址 50 多处，烽燧 12 处，构成了一个完整的军事防御体系。齐长城中段，有著名的 3 大关塞：锦阳关（图 2-22）、青石关、穆陵关（图 2-23）。

图 2-22　锦阳关

图 2-23　穆陵关

延伸阅读 2-12　**孟姜女哭长城**

秦朝时，原来是齐国人的孟姜女，嫁给了万喜良。丈夫忠厚老实，妻子贤良温柔，两人相亲相爱。不幸的是，秦始皇为修筑长城，下令征集几十万民工，孟姜女才新婚一个多月，丈夫万喜良就被征去修长城了。

万喜良走后，孟姜女时时思念他。春季里采桑想起万喜良，她揩一把眼泪采一把桑；夏季里下田想起万喜良，她望着满田的杂草伤心地啼哭起来；秋季里被蚊子咬了，她暗暗祈求蚊子多叮自己千口，不要去叮万喜良一口；冬季里雪花纷飞，她一面哭一面担心万喜良衣衫单薄，脸上又挂满了泪珠……

孟姜女日夜思念万喜良，可是丈夫一去几年没有音讯。秋天又来到了，她怕丈夫受不了北方的寒冷，便缝制了一件棉衣，亲自给丈夫送去。孟姜女来到长城边，恳求守关的吏卒让她过去，但吏卒有意刁难。于是孟姜女就把自己悲惨的身世编成一首小调，含泪唱给吏卒听，她先唱正月里的情景：

“正月里是新春，
家家户户挂红灯。
人家丈夫团圆聚，
孟姜女的丈夫修长城。”

唱完正月，接着唱二月、三月，一直唱到十二月。她把每月怎样思念丈夫，怎样度过困苦的生活，富有感情地唱出来。最后，被感动的吏卒把门打开，让她过去。

孟姜女历尽千辛万苦赶到长城脚下，她望着高高的城墙，不见丈夫的影子。经过多方打听才知道，丈夫已经活活累死，埋在长城脚下。孟姜女悲哀至极，在长城脚下放声痛哭起来，直哭得朔风怒号，乌云密布，积雪变色。突然轰隆一声巨响，长城倒下了800里……

这就是在民间广为人知的“孟姜女哭长城”的传说。根据著名历史学家顾颉刚的观点，此传说的最初形态可以上溯到《左传》中发生在齐地的杞梁妻的故事，经过历代补续和演绎才成为今天的版本。自唐代始，哭长城也由哭齐长城演绎成哭秦长城。而顾颉刚先生经过系统研究，断定孟姜女哭的是齐国故城，而不是传说中的齐长城，更不是秦长城。

（二）文化价值

长城的兴起是冷兵器时代军事斗争的产物。齐长城作为古代的军事防御体系，在它的修筑过程中，曾经运用了当时最先进的知识、技术和工具，涉及建筑学、军事学、政治学、地理学、人类学、气象学等多个学科。齐长城是中国战争史的天然博物馆。2000多年前，齐长城沿线发生了很多著名战役，如齐鲁长勺之战、晋之联军伐齐、齐魏马陵之战，等等。到了现代，齐长城沿线又成为抗日战争和解放战争的重要战场。那金戈铁马、鼓角争鸣、浴血鏖战的场面，在齐长城上刻下了永恒的烙印。它的存在对于研究古代军事、工程建筑、政治经济、历史文化等方面，都具有十分重要的价值。沧海桑田，如今齐国长城早已失去了其军事上的防御价值，但它是目前国内现存年代最久远、规模最宏大的地表古建筑遗址。作为历史的见证和宝贵的文化遗产永垂史册。

第3节 泰山及岱庙天贶殿

一、泰　山

巍巍泰山，盘踞在山东省中部的泰安地区，总面积426平方千米，主峰玉皇顶海拔1545米。泰山又名岱山、岱宗、岱岳、东岳、泰岳，有“五岳独尊”的美称（图2-24）。

图 2-24　泰山

延伸阅读 2-13　“五岳之首”来历的传说

《太平御览》《述异志》等书中都记载了盘古开天地的传说。在民间，泰山成为五岳之首也和这个传说有关。

传说，在很久很久以前，天地未分，有一个叫盘古的人生长在天地之间，天空每日升高一丈，大地每日厚一丈，盘古也每日长高一丈。如此日复一日，年复一年，他就这样顶天立地生活着。经过了漫长的一万八千年，天极高，地极厚，盘古也长得极高，他呼吸的气化作了风，他呼吸的声音化作了雷鸣，他的眼睛一眨一眨的，闪出道道蓝光，这就是闪电。他高兴时天空就变得艳阳晴和，他生气时天空就变得阴雨连绵。后来盘古慢慢地衰老了，最终溘然长逝。巨人倒地后，他的头变成了东岳（泰山），腹变成了中岳（嵩山），左臂变成了南岳（衡山），右臂变成了北岳（恒山），两脚变成了西岳（华山），眼睛变成了日月，毛发变成了草木，汗水变成了江河。因为盘古尊为人类祖先，他的头部变成泰山。所以，泰山就被称为“天下第一山”，成了五岳之首（图 2-25）。

图 2-25　泰山

(一) 自然景观

泰山雄起于华北平原之东，凌驾于齐鲁平原之上，前邻孔子故里曲阜，背依泉城济南，东临大海，西靠黄河，南有汶、泗、淮之水。泰山的形成大体上经历了古泰山形成、海陆演化和泰山形成3个阶段。在一个漫长而又复杂的演化过程中留下了丰富的自然遗产。

泰山有丰富多样的植物资源、动物资源和矿产资源。泰山的古树名木，源于自然，历史悠久，是泰山古老文明的象征，其中著名的有汉柏凌寒、挂印封侯、唐槐抱子、青檀千岁、六朝遗相、一品大夫、五大夫松、望人松、宋朝银杏、百年紫藤等，每一株都历经风霜，成为历史的见证。

泰山的风景名胜以主峰为中心，呈放射状分布。泰山拔起于齐鲁丘陵之上，主峰突兀，山势险峻，峰峦层叠，形成“一览众山小”和“群峰拱岱”的高旷气势。泰山风景旅游区包括幽区、旷区、奥区、妙区、秀区、丽区六大风景区。著名的4个奇观有：泰山日出、云海玉盘、晚霞夕照、黄河金带。

泰山日出是岱顶奇观之一，也是泰山的重要标志，岱顶观日历来为游人所向往，也使许多文人墨客为之高歌。晴天的拂晓，站在岱顶远眺东方，万壑收冥，千岩破晓（图2-26）。

图2-26　泰山日出

经典品读2-1

1. 峨峨东岳高，秀极冲青天。（晋·谢道韫《泰山吟》）
2. 泰宗秀维岳，崔崒刺云天。（南朝·谢灵运《泰山吟》）
3. 六龙过万壑，涧谷随萦回。（唐·李白《游太山六首　其一》）
4. 岱宗天下秀，霖雨遍人间。（元·张志纯《泰山喜雨》）
5. 天门倒泻银河水，日观翻悬碧海流。（明·王世贞《登岱》）
6. 高而可登，雄而可亲。松石为骨，清泉为心。呼吸宇宙，吐纳风云。海天之怀，华夏之魂。（杨辛《泰山颂》）

(二) 人文景观

泰山，远古时称火山、太山。“泰山”之称最早见于《诗经》。“泰”意为极大、通畅、安宁。《易·说卦》“履而泰，然后安”。“泰”字就由原来的高大、通畅之意引申为“大而稳，稳而安”。随即出现了“稳如泰山”“国泰民安”“泰山鸿毛”等词汇。

泰山是中国文化的发源地之一，文化遗产极为丰富，现存古遗址 97 处，古建筑群 22 处，为研究中国古代建筑史提供了重要实物资料。

1. 泰山封禅

其实就高度而言，泰山次于华山和恒山。尊它为“五岳之长”，是因为历代的一些帝王在登上宝座的时候，或者逢上太平的岁月，要到泰山来举行封禅大典，以此给自己的统治披上“君权神授”的外衣。于是，它的地位越来越尊崇。

延伸阅读2-14　泰山封禅

封禅，封为“祭天”，禅为“祭地”，是指中国古代帝王在太平盛世或天降祥瑞之时祭祀天地的大型典礼。远古暨夏商周三代，已有封禅的传说。

东方是太阳升起的地方，是生命之源，希望和吉祥的象征。于是，地处东方的泰山便成了“万物孕育之所”的“吉祥之山”“神灵之宅”。历代帝王借助泰山的神威巩固自己的统治，为答谢天帝的“授命”之恩，必到泰山封禅祭祀。

传说中秦汉以前，就有 72 代君王到泰山封禅。自秦汉至明清，历代皇帝到泰山封禅 27 次。

古人认为群山中泰山最高，为“天下第一山”，因此人间的帝王应到最高的泰山去祭过天帝，才算受命于天。在泰山上筑土为坛祭天，报天之功，称封；在泰山下梁父等小山上辟场祭地，报地之功，称禅。这是古代帝王的最高大典，而且只有改朝换代或者在久乱之后，天下太平，才可以封禅天地，向天地报告重整乾坤的伟大功业，同时表示接受天命而治理人世。

泰山上与封禅有关的文化遗迹有回马岭、云步桥、五大夫松、纪泰山铭碑等。

2. 泰山石刻

皇帝的封禅活动和雄伟多姿的壮丽景色，吸引历代文化名人纷至泰山进行诗文著述，留下了数以千计的诗文刻石，如孔子的《邱陵歌》、司马相如的《封禅书》、曹植的《飞龙篇》、李白的《泰山吟》、杜甫的《望岳》等诗文，成为中国的传世名篇；天贶殿的宋代壁画、灵岩寺的宋代彩塑罗汉像是稀世珍品；泰山的石刻、碑碣，集中国书法艺术之大成，真草隶篆各体俱全，颜柳欧赵各派毕至，是中国历代书法及石刻艺术的博览馆。北齐时期，人们将佛教经典《金刚经》（图 2-27）刻在泰山中的溪床上，这便是著名的泰山经石峪。

图 2-27　泰山《金刚经》

「经典品读 2-2」

1. 登彼邱陵，峛崺其阪。仁道在迩，求之若远。遂迷不复，自婴屯蹇。喟然回顾，题彼泰山。郁确其高，梁甫回连。枳棘充路，陟之无缘。将伐无柯，患滋蔓延。惟以永叹，涕落潺湲。（春秋·孔子《邱陵歌》）

2. 晨游泰山，云雾窈窕。忽逢二童，颜色鲜好。乘彼白鹿，手翳芝草。我知真人，长跪问道。西登玉台，金楼复道。授我仙药，神皇所造。教我服食，还精补脑。寿同金石，永世难老。（魏·曹植《飞龙篇》）

3. 平明登日观，举手开云关。精神四飞扬，如出天地间。黄河从西来，窈窕入远山。凭崖览八极，目尽长空闲。偶然值青童，绿发双云鬟。笑我晚学仙，蹉跎凋朱颜。踌躇忽不见，浩荡难追攀。（唐·李白《游太山六首 其三》）

3. 泰山神话

泰山不仅拥有雄伟壮丽的自然风光和灿烂辉煌的历史文化，还拥有许许多多美丽动人的神话故事。如盘古开天、东岳大帝、碧霞元君、泰山石敢当等等，这些故事传说不仅有很强的趣味性和可读性，更反映了人们自强不息、奋发向上的精神面貌，表达了人们对邪恶势力的仇视和对美好幸福生活的追求，有着广博而精深的文化内涵。

延伸阅读2-15　泰山石敢当

传说，“石敢当”是住在泰山上的一位壮士，曾从师习武，英勇过人，靠狩猎、砍柴为生。

泰安城南的汶口镇有户人家，一对老夫妻只有一个女儿。不知从什么时候开始，每到太阳下山以后，只见东南方向刮来一股妖风直钻姑娘的屋里。天长日久，这个姑娘变得面黄肌瘦，非常虚弱。家人找了许多医生也治不好她的病。

这时有人说：“看来是妖气缠身，光吃药是治不好的。听说泰山上有个石敢当很勇敢，何不找他来想想办法？”找到石敢当，说明了情况后，石敢当说：“这事好办，找来12对童男童女，一人一面锣。再准备一盆香油，把棉花搓成粗灯芯，还要一口锅，一把椅子，只要这些东西都备齐了，我一定能把妖怪拿住。”只见他把灯芯放在香油盆里，点燃了油灯。他用锅把盆子扣住，坐在旁边，用脚挑着锅沿，这样，虽然点着灯，远处看不到灯光。天黑了，随着一阵呼呼的响声，从东南方向窜出一股妖风。石敢当一脚踏翻锅，油灯立刻放出了耀眼的光芒。12对童男童女同时敲响了锣。妖怪一进屋，看见了灯光，听到了响声，赶快闪了出去，朝南方逃跑。这股妖风后来到了福建，继续作威作福。福建的一些农户也被妖风缠身，患了重病。人们打听来打听去，听说泰山有个石敢当能驱除妖怪，就把石敢当请到了福建。石敢当用老办法把妖怪赶走了……这妖风又逃到了东北，东北有些姑娘也得了重病，人们又把石敢当请到了东北。

石敢当想：“我赶它一回，它就逃到别处，全国这么大，我怎么跑得过来呢？对，泰山有很多石头，我请石匠在石头上刻上我的家乡和名字——泰山石敢当，谁家闹妖风，就把这石头放在谁家的门外，妖怪就不敢进去了。”

以后，泰山石敢当降妖的事越传越远，所以人们在盖房子的时候，总是把刻有“泰山石敢当”的石头砌在墙上或放在门口，用来避邪。

二、岱庙天贶殿

图 2-28 岱庙天贶殿

天贶殿为岱庙的主体建筑，位于岱庙仁安门北侧，元称仁安殿，明称峻极殿，民国始称今名（图 2-28）。

1008 年，宋、辽在澶渊（今河南濮阳）交战，宋真宗虽大胜辽军，但无心再战，签订了屈辱的条约，历史上称为“澶渊之盟”。宋真宗为了平息朝野的怨愤之情，巩固其统治地位，采纳了副宰相王钦若策谋的“天书”的骗局，于同年十月率领群臣，车载“天书”来到泰山，举行了隆重的答谢天恩告祭大礼，并定于每年六月初六为“天贶节”。翌年，下诏扩建岱庙，又在原泰山神殿的基础上，建造了天贶殿。“天贶”，就是“天赐”的意思。

天贶殿东西长 48.7 米，南北宽 19.8 米，高 22.3 米，殿阔九间，进深四间，重檐八角，斗拱飞翘，上覆黄琉璃瓦，檐间悬挂“宋天贶殿”的巨匾，檐下 8 根大红明柱，柱上有普柏枋和斗拱，外槽均单翘重昂三跳拱，内槽殿顶为 4 个复斗式藻井，余为方形平棋天花板。整座大殿栾栌迭耸，雕梁彩栋，贴金绘垣，丹墙壁立，峻极雄伟，虽历经数朝，古貌犹存，充分体现了古代劳动人民的聪明智慧和高超的建筑技艺。

殿堂供奉的是“东岳泰山之神”塑像。殿内东北西 3 面的《泰山神启跸回銮图》（图 2-29）传为宋代所绘。画面描绘了“泰山神”出巡时的浩荡宏伟场面。壁画全长 62 米，高 3.3 米，人物有 600 多个，穿插分布珍禽异兽，山川树木，楼阁亭榭，气势磅礴，布局严谨，笔法流畅，形态生动，是我国宝贵的文化遗产。

图 2-29 泰山神启跸回銮图

第4节 河、海、泉文化

一、运河文化

提起运河，人们最先想到的就是京杭大运河，它是世界上里程最长、工程最大的古代运河，最早为春秋时吴国为伐齐国而开凿，至今已有2500多年历史。大运河南起杭州，北到北京，途经冀、鲁、江、浙4省，贯通海河、黄河、淮河、长江、钱塘江5大水系，全长约1797千米。大运河山东段全长643千米，占总长度的1/3。如此长的河段对齐鲁文化的发展起到了极大地推动作用。

（一）因河而兴的运河重镇——济宁

京杭大运河济宁段始凿于元朝。元明清三代，朝廷负责治理运河的河道总督署均设在济宁，所以济宁被称为“中国运河之都”。明代在运河“水脊”处建造南旺水利枢纽，使济运汶水实现南北分流，其建造水平可与都江堰工程相媲美。

运河通，济宁兴。运河的开通促进了济宁的文化昌盛，济宁成为名副其实的鲁西南地区政治、经济、文化中心（图2-30、图2-31）。

图2-30 济宁城区古运河

图2-31 古运河码头

延伸阅读 2-16 玉堂酱园

现位于济邹路1号洸府河畔的玉堂酱园，是运河文化的典型代表。清朝时期，苏州人戴氏在济宁城南门外运河南岸置地开了间名为“姑苏戴玉堂”的酱菜店。后被济宁一个药材商买下改名为“玉堂酱园”，于道光年间派学徒前往江南学艺1年，自此玉堂酱菜便有了南北合璧的独特风味，鲁西南一带提及“玉堂”几乎是家喻户晓、妇孺皆知。玉堂酱菜顺着运河销往全国，被誉为“京省驰名，味压江南”。

延伸阅读 2-17 竹竿巷

图 2-32 竹竿巷店面

在济宁东大寺的后门有一条小巷叫竹竿巷，也是因运河而兴。从南方经漕运而来的毛竹，在这里被加工成各种成品销往全国各地。时至今日，这里仍是一个专门的竹、木器加工销售街道。有谚语道：“运河畔，任城中，竹竿巷内百家兴；编竹筐，织鸟笼，竹排竹筏万里行。”（图 2-32）

延伸阅读 2-18 广为流传的有关运河古城济宁的顺口溜（节选）

济宁州，太白楼，三岁的小孩儿要老头。济宁州，赛银窝，白银元，大铜铬，南门枕着运粮河，交通方便行商多。南门外，买卖忙，生意兴隆数玉堂。

（二）受运河影响深远的城镇——聊城

聊城位于京杭大运河与黄河交汇处，湖河水域面积占整个城区的1/3。运河自南向北穿城而过，形成“城在水中、水在城中、城中有湖、湖中有城、城河湖一体”的独特城市风貌，被誉为“江北水城”（图 2-33）。

漕运使聊城成为北方水运枢纽、鲁西重镇，工商业的发展促进了文化的交融。

图 2-33 聊城古运河廊桥

延伸阅读2-19　八角鼓与临清时调

“八角鼓”是起源于满族盛行于清代的曲艺形式，清代中期沿运河流入聊城并深受当地民众喜爱，改用当地方言演唱，又吸收了岭调、靠山调、码头调等民间小曲，逐渐自成一家，独具聊城地方色彩。

“临清时调”作为“天津时调”的姊妹篇已有200多年的历史，是民间流行的一种说唱风格曲种。

（三）被运河历史遗忘的地方——德州

古时德州经济、文化的发展与大运河息息相关。当年德州仓为运河沿岸的四大名仓之一。文化方面则呈现“人文飚起，名卿蝉联”的盛世局面，一度成为人人向往的“燕齐之都”（图2-34）。

图2-34　京杭运河德州段

清朝中期，海运逐渐兴起，再加上黄、淮、运交汇处疏于疏浚逐渐淤塞，河运逐渐衰落。清咸丰五年（1855年），黄河在铜瓦厢（今河南省兰考县境内）决口改道后，运河被埋，至光绪二十八年（1902年）漕运全部停运。

延伸阅读2-20　黄　河

黄河，中国北部大河，全长约5464千米，流域面积约752443平方千米，是中国第二长河。

黄河发源于青海省青藏高原的巴颜喀拉山脉，自西向东流经青海、四川、甘肃、宁夏、内蒙古、陕西、山西、河南及山东9个省（自治区），最后注入渤海。

黄河中上游以山地为主，中下游以平原、丘陵为主。由于河流中段流经黄土高原地区，因此夹带了大量的泥沙。历史上黄河下游的改道，给人类文明带来了巨大的影响。最近一次改道为清咸丰五年（1855年）黄河夺古济水河道进入山东境内，流经菏泽、济宁、泰安、聊城、济南、德州、淄博、滨州等9市，在东营融入大海。

黄河是中华文明主要发源地之一，华夏儿女称其为母亲河。

在运河通航的600多年间，运河沿岸积淀形成了丰厚的运河文化遗产，文物古迹星罗棋布。德州的苏禄王墓是中非两国友好的历史见证，聊城的光岳楼、山陕会馆、海源阁，临清的鳌头矶、舍利塔、清真寺，济宁的太白楼、竹竿巷、东大寺、南旺分水龙王庙，枣庄的万年闸等人文景观，体现出先民们的聪明智慧，是运河城市文化的载体，也是征服自然、改造自然、不屈不挠的民族精神的物化。

二、海洋文化

春秋战国时期齐国北部和东部毗邻黄河、渤海、黄海一带，属典型的沿海国家。《尔雅·释地》说“齐曰营州，齐有海隅”。漫长的海岸线、众多的港湾、岛屿，提供了丰富的鱼盐资源。地理环境、经济类型的不同使得齐国故地孕育出了独特的海洋文化。

（一）蓬莱仙境与海洋信仰

春秋战国以来，先民们面对大海的潮起潮落、电闪雷鸣、火山爆发等自然现象，产生过无法解释的恐慌。面对波涛汹涌的大海，先民认定其中必有龙王统管四海、海神护佑众生，由此海洋信仰应运而生。于是就开始寻求海外仙山，求长生不老之药，并祭祀海神、寻求庇护。齐国的海洋信仰是其海洋文化的重要组成部分。

延伸阅读2-21　神话传说及历史事件

古代先民最早构思出海上仙山，给它起名为蓬莱山。“蓬莱”一词是美好的象征，它既代表一座海上仙山，又成为众多神山仙洲的总称，同时还涵纳着一种超脱尘俗的仙境。在海洋文化体系中，蓬莱神山与蓬莱仙人是一个不可分割的整体，神山展示出尘外仙境，仙人则成为世俗崇拜和模仿的偶像，譬如八仙过海的神话故事就是例证（图2-35）。

图2-35　蓬莱阁

历史上曾有两位皇帝东巡胶东沿海，一位是秦始皇，一位是汉武帝。秦朝时期徐福率领庞大的秦朝船队航海东渡。秦始皇三十七年（公元前210年），徐福再次求见秦始皇，谎称上次由于大鱼阻拦所以未能成功，请求配备强弩射手再次出海。秦始皇相信了徐福的话，第2次派他出海。于是徐福率“童男童女三千人”和“百工”，携带“五谷种子”，乘船泛海东渡，成为有史记载的东渡第一人。

汉武帝在位期间曾9次东巡海疆，有8次亲临山东，深深影响了沿海居民，并且带动着一方水土的文化倾向。汉代山东海疆弥漫着方术奇说，这与汉武帝的个人喜好有着相当大的关系。

（二）盐业文化与道家信仰

追溯盐业开发的历史，最早的启端也出现在胶东沿海。自姜太公吕尚建国以来，齐国就制定了“通商工之业，便鱼盐之利”之策，大力发展鱼盐产业。盐业文化的一个突出标志是制盐技术的不断革新。几千年来，沿海灶民一直在努力提高生产能力，不断改进煮盐、煎盐、晒盐技艺，使海盐生产趋向完善，由此，也丰富了盐业文化。从明人王悦的《威海赋》、清人刘学渤的《北海赋》、晚清王崧翰《胶东赋》、利津道光进士张铨的《永门竹枝词》等文学作品中能够品味当时的那种盐场风韵（图2-36）。

因为毗邻海洋，所以很早就出现了方术之学。齐国方士更是凭借海洋的神秘向世人大肆宣扬蓬莱仙境，鼓吹长生成仙之术。这种神仙方术对中国道教的生成起了相当重要的作用。在道教发展过程中，海洋始终作为道教传播和修炼的风水宝地，孕育出许多道家精英。如金元时期的全真教以“海上七真人”为主体，至今在道教体系中仍然有着巨大影响。从宗教传播来看，沿海边山谷皆有道家遗踪，很多名山皆因仙迹道观而传誉四方，如青岛境内的崂山（图2-37）、烟台境内的昆嵛山、莱州市境内的云峰山等。

图2-36　晒盐

图2-37　崂山

（三）民间传说与海神崇拜

最早活动在胶东沿海的居民，还不具有认识海洋和征服海洋的能力，他们敬畏海洋，崇拜海洋。为此，先民们虚构出海神形象，建造了众多的海神庙宇，并且使用最隆重的仪式来祭祀海神，希望海神能够赐福人类，消解灾害。每逢上元灯节（又称元宵节），胶东沿海各地都会开展各种各样的节令活动，形成万众沸腾的欢快场面，处处散发着浓郁的文化意味。

延伸阅读2-22　渔灯节

渔灯节是渔家文化的典型代表。据《中国渔岛民俗》中，山曼先生撰写的《山东蓬莱渔灯节的调查与研究》考证，蓬莱渔灯节是从传统的元宵节中分化出来的一个专属渔民的节日，距今已有500多年的历史，流传于辖区内山后初家、芦洋、八角等十几个渔村（图2-38、图2-39）。

每年正月十三或十四午后，沿海渔民以一家一户为单位，自发地从各自家里抬着祭品，打着彩旗，一路放着鞭炮，先到龙王庙或海神娘娘庙送灯、祭神，祈求鱼虾满舱，平安发财；再到渔船上祭船、祭海；最后，到海边放灯，祈求海神娘娘用灯指引渔船平安返航。

图 2-38　八角渔灯节

图 2-39　芦洋渔灯节

三、泉　文　化

华夏神州，泉流众多。据粗略统计，较大的泉流有 10 万多处，其中水质好、水量大或以奇水怪泉而闻名的“名泉”就有百余处之多。

济南，因位于古济水之南而得名。《老残游记》的作者刘鹗称济南“家家泉水，户户垂杨”。金代立“名泉碑”，列 72 泉，济南因此有“泉城”之名（图 2-40、图 2-41）。

图 2-40　泉城日落

图 2-41　河畔泉眼

济南的泉眼主要由趵突泉、黑虎泉、珍珠泉、五龙潭 4 大泉群组成，每一泉群又由数泉构成。事实上，被称为泉城明珠的大明湖也是由众泉造就的。沿湖的亭台楼阁、水榭长廊，错落有致，其风韵不亚于杭州西湖（图 2-42 至图 2-46）。

古人认为，泉乃“天赐之物，地藏之源”。他们不但修祠建庙，对泉水之神顶礼膜拜，还以丰富的想象力创造出许多有关泉的美丽动人的神话传说来解释大

图 2-42 黑虎泉

图 2-43 珍珠泉

图 2-44 大明湖中的画舫

图 2-45 鱼鸟沉浮

自然的奥秘，从而给泉增添了瑰丽的文化色彩。

山与水在济南这方土地上完美结合，各种各样的文化元素在这里汇聚。虞舜耕于历山，扁鹊行医天下，曾巩行吟泉边，而济南最响当当的文化名片毫无争议地属于“济南二安”。清代学者王渔洋说：“婉约以易安（李清照）为宗，豪放惟幼安（辛弃疾）称首”，两个词风迥异的济南人如同两颗最明亮的星闪耀于宋词的天空。

图 2-46 浣溪

延伸阅读 2-23 趵突泉名称由来及历史记载

趵突泉最早并没有正式名字，因趵突泉是古泺水的源头，所以历史上经常以“泺”代指趵突泉。

宋代曾巩出任齐州知州时，起名“槛泉”，但老百姓仍俗称“爆流泉”。“爆流”这个名字还引申出许多类似的叫法，“趵突”就是其中一种。

曾巩在《齐州二堂记》中记载：“自（渴马）崖以北，至历城之西，盖五十里，而有泉涌出，高或至数尺，其旁之人名之曰趵突之泉。”在这里，曾巩第一次将泉名写作“趵突”。

《历城县志》中对趵突泉的描绘最为详尽：“平地泉源觱沸，三窟突起雪涛数尺，声如隐雷，冬夏如一。”

著名文学家蒲松龄则认为趵突泉是“海内之名泉第一，齐门之胜地无双”。

清代康熙皇帝南游时，曾观赏趵突泉，兴奋之余题了“激湍”两个大字，并封为“天下第一泉”。

小　　结

齐鲁大地，文化璀璨。鲁国故都曲阜产生了影响中华文明的儒家文化，“三孔”则严格按照儒家文化建造，其等级、体制、建筑风格艺术深深影响了整个东方文化圈。齐国故城临淄的排水系统、齐长城以及泰山天贶殿的建筑艺术、人文价值代表了齐鲁先民的古老智慧和精神追求，其历史文化价值影响深远。运河文化、黄河文化、泉文化、海文化不仅孕育出了山东精神，同时也丰富了齐鲁文化的内涵。

练习与思考

一、填空题

1.“三孔”是孔子故里山东曲阜的________、________、________的简称。

2. 为鲁国故城曲阜带去大量礼乐典籍的是________。

3. 孔庙里祭祀孔子的主要场所是________。

4. 齐国故城包括大城和小城两部分，大城是官吏、________及商人居住的郭城，小城是________居住的宫城。

5. 齐长城始建于________时期，完成于________时期，历时170多年筑成，迄今已有2600多年的历史。

6. 泰山又名岱山、岱宗、________、________、泰岳，有“________”、“五岳之首”、“________”、“天下第一山”之称。

7. 泰山的形成大体上经历了________、海陆演化和________三个阶段。

8. 历代帝王借助泰山的神威巩固自己的统治，为答谢天帝的“授命”之恩，必到泰山封神祭祀，这种祭祀泰山的活动称为__________。

9.__________与北京故宫太和殿、曲阜孔庙大成殿并称“中国古代三大宫殿”，亦称“东方三大殿”。

10. 京杭大运河途径浙江、江苏、________、河北4省，贯通海河、________、淮河、________、钱塘江5大水系，全长约1797千米。

11. 被誉为“中国运河之都”的城市是________。

12. 明代在运河济宁段建筑的________水利枢纽，其建造水平可与都江堰工程相媲美。

13. 济南因境内泉水众多，拥有“七十二名泉”，被称为“________”。

14. “济南二安”指的是________、________。

二、思考题

1. 孔庙、孔府、孔林的历史意义和文化价值是什么？

2. 青年学生如何从“三孔”中正确理解儒家文化的内涵？

3. 晏子使楚的故事带给你什么启发？

4. 古代帝王为什么会消耗国力、民力来修建京杭大运河？

实践活动（一）

探寻儒家文化，感悟圣贤思想

【活动目标】

（一）拜读儒家经典，收集祭孔仪式相关资料，找寻藏匿在“三孔”之内的典故传说，引起对儒家文化的学习兴趣。

（二）培养利用现代信息技术，多渠道搜集、选择、组织材料的能力。

（三）在活动实施中培养团结协作精神，在成果分享中提高表达能力。

【活动方法】

（一）探究式教学法

教师设计提出问题，学生根据问题自行寻找答案，在这一过程中，教师对学生加以引导，最大限度地激发学生参与活动的积极性和主动性。

（二）小组合作法

以小组为单位展开活动，鼓励学生合作探究，协作学习。

【活动流程】

（一）活动准备

1. 设计活动方案。师生根据活动目标，围绕活动主题，结合儒家经典、信息化教学手段、网络资源和本地区实际情况，设计出切实可行的活动方案。

2. 合理分组，明确任务。根据学生性格特点、兴趣爱好等，分为古迹典故组、经典品读组、祭祀礼仪组、碑刻文化组等4个小组。每个小组根据活动方案制定本组的活动计划，写出具体的活动任务书。

（二）活动实施

1. 登录平台，查询资料。每位学生登录班级交流平台，查询活动要求，明确活动规则及评价标准，以保证活动扎实有效地开展。

2. 分组搜集整理资料。4个小组根据老师提出的问题，或利用图书馆、网络，或实地参观考察，或访问当地学者等，搜集整理资料。

古迹典故组：收集“三孔”内各种古迹的文化典故和名人传说 。

经典品读组：品读儒家经典，感悟先贤思想。

祭祀礼仪组：搜集祭孔仪式的相关资料和文化价值。

碑刻文化组：搜集碑刻中书法、文字、内容的相关材料。

3. 准备活动展示资料。各小组分工合作，撰写活动报告，准备口头介绍，制作幻灯片。

整个活动过程教师要参与其中并及时指导。

（三）成果展示

1. 明确本次活动的评分标准和评价方式。

2. 成果分享。小组代表结合幻灯片，展示解说本组的活动报告。班内互动交流，按照标准进行评价。

3. 活动总结。全体学生相互交流，教师从活动过程到活动成果两方面进行总结。

实践活动（二）

登泰山而小天下

【活动目标】

（一）参观游览泰山以及岱庙，感受厚重的泰山文化，激发学生的爱国热情，培养坚强的意志品质。

（二）培养利用现代信息技术，多渠道搜集、选择、组织材料的能力。

（三）在活动实施中培养团结协作精神，在成果分享中提高表达能力。

【活动方法】

（一）探究式教学法

教师设计提出问题，学生根据问题自行寻找答案，在这一过程中教师对学生加以引导，最大限度地激发学生参与活动的积极性和主动性。

（二）小组合作法

以小组为单位展开活动，鼓励学生合作探究，协作学习。

【活动流程】

（一）活动准备

1. 设计活动方案。师生根据活动目标，围绕活动主题，设计出切实可行的活动方案。

2. 合理分组，明确任务。根据学生性格特点、兴趣爱好等，分为经典品读组、名胜古迹组、神话故事组、泰山精神组等 4 个小组。每个小组根据活动方案制定本组的活动计划，写出具体的活动任务书。

（二）活动实施

1. 登录平台，查询资料。每位学生登录班级交流平台，查询活动要求，明确活动规则及评价标准，以保证活动扎实有效地开展。

2. 分组搜集整理资料。4 个小组根据老师提出的问题，或利用图书馆、网络，或实地参观考察，或访问当地学者等，搜集整理资料。

经典品读组：搜集与泰山相关的诗词歌赋等，感悟先贤思想。

名胜古迹组：搜集泰山名胜景点、泰山石刻等相关资料。

神话故事组：搜集泰山神话的相关材料。

泰山精神组：提炼泰山精神，弘扬泰山精神。

3. 准备活动展示资料。各小组分工合作，撰写活动报告，准备口头介绍，制作幻灯片。

整个活动过程教师要参与其中并及时提供指导。

（三）成果展示

1. 明确本次活动的评分标准和评价方式。

2. 成果分享。小组代表结合幻灯片，展示解说本组的活动报告。班内互动交流，按照标准进行评价。

3. 活动总结。全体学生相互交流，教师从活动过程到活动成果两方面进行总结。

第3章 先秦儒家

在3000年中国哲学发展史上，有各种各样的思想资源和思想传统，成为我们民族精神文化的不同基因，至今仍发挥着这样或那样的作用。其中影响最大的，有四大思想资源和思想传统，即先秦儒家、先秦道家、中国佛学和宋明理学。这四大思想传统的一个共同点是，它们的智慧都是人生的智慧。

春秋战国时期是先秦儒家的发生期。从代表人物孔子始算，一直到秦王朝建立，前后历经三百余年。先秦儒家对中华传统文化的特点、发展趋势以及中华民族整个价值观念、思维方式、民族性格等都产生了极其深远的影响。

第1节 孔 子

一、孔子生平

图3-1 孔子像

孔子（公元前551—公元前479年），名丘，字仲尼。鲁国陬邑（今山东曲阜）人。春秋末年思想家、政治家、教育家，儒家学派创始人（图3-1）。

孔子先祖虽为宋国、鲁国贵族，但3岁丧父后，家境衰落。虽然生活贫苦，但在母亲的教导下，孔子“十有五而志于学”。他善于学习别人的长处，且学无常师，相传曾问礼于老聃，学乐于苌弘，学琴于师襄。广收博取，好学不厌。

延伸阅读3-1　　孔子诞生的传说

相传孔子的父亲叔梁纥，曾先娶施氏，生九女而无一男，后休施氏，与妾生一男儿，是个跛子。于是，晚年向颜家求婚，娶了孔子的母亲颜征在，并多次去尼山祈祷求子。孔子出生后母亲嫌弃他丑，把他丢弃于尼山脚下。于是就有雌虎来哺养他，当时天气炎热，雄鹰用翅膀为他打扇。因此民间传说孔子的出生是“凤生、虎养、鹰打扇”。

孔子“三十而立”，并开始聚徒讲学，从事政治活动。50岁时，鲁定公任命孔子为中都（今山东汶上县）宰，在其治理之下，“一年，四方皆则之”（《史记·孔子世家》），遂由中都宰迁司空（主管土地、水利及工程建设等），再升为大司寇（主管刑狱及安全），行摄相事。后因齐国人离间，遭冷遇而率十余名弟子离开鲁国，开始了长达14年之久的周游列国的颠沛流离生活，直到67岁才又返回鲁国(图3-2)。归鲁后，被鲁人尊为“国老”，但未再从政。晚年致力于文化教育，整理《诗经》《尚书》等古代文献。

孔子打破了教育垄断，开创了私学。孔子弟子多达3000人，其中贤者72人（图3-3、图3-4）。孔子对后世影响深远，他在世时已被誉为“天纵之圣”“天之木

图 3-2　孔子周游列国图

图 3-3　孔子讲学

图 3-4　曲阜尼山书院

铎”，是当时最博学者之一，并且被后世尊为至圣（圣人之中的圣人）、万世师表。他的言论和生平活动记录在其弟子及再传弟子编成的《论语》一书中。

《论语》是中国古代文化的经典著作。在孔子以后几千年的中国历史上，没有哪一位思想家、文学家、政治家不受《论语》的影响。它是把握中华几千年的传统文化、理解古代中国人的内在心境的钥匙。

孔子的学说中，有很多思想体现了人类普遍价值。就如诺贝尔物理学奖获得者汉内斯·阿尔文博士说：“人类要生存下去，就必须回到25个世纪以前，去吸取孔子的智慧。”

延伸阅读3-2　**圣者情怀**

一次，孔子北游农山，随从的弟子有子路、子贡、颜渊。

来到山顶，孔子极目远眺，感叹道：“登高望远，见天地之悠悠，难免发千古之幽思。此情此景，同学们，何不在此说说，各自的志向，让老夫聆听一二。”

子路见老师说得如此感慨，便率先回道：

“子路不才，愿有一天，遇到这样的场景：战场上，旌旗飞扬，席卷大地；战鼓钟声，响彻云天。白羽箭，如月光倾洒；赤羽箭，如日光飞动。此时，唯有我子路，能率领众军，英勇驱敌，一鼓作气，夺回千里失地。而子贡与颜渊两位同学，可作为我的随从高参。”

听了子路的豪言壮语，孔子点评道：“壮哉！勇士，一个奋不顾身的雄杰。”

子贡看着踌躇满志的子路，笑了笑，然后轻步上前说道：“子贡不才，愿有一天，见齐国与楚国合战于苍莽原野，两军对垒，实力相当。正当旌旗相望，战尘相接，千钧一发之际，我子贡，身着白袍白冠，从容游说于白刃之间，不费一兵一卒，顿解两国纷争。此时，子路与颜渊两位同学，可为我临阵助势。”

“俊哉！辩士，一个神貌若仙的英才。”孔子点头称赞。

颜渊听完子路、子贡的述说，站在后面，继续静默无语。孔子见此，便对他说：“颜渊！过来。你难道就没有理想可说吗？”

颜渊近前回道：“文事、武功，两为同学都已说得很好了。我哪里够资格参与其中？”

“不是吧？”孔子笑着道：“你似乎对他们不敢恭维。但说无妨。”

颜渊沉吟了一会，说道：“我听说，咸鱼与兰花，是不能放在同一个筐子里收藏的。尧舜与桀纣，也是不可能在同一个国家里共理政事的。两位同学的志愿，与颜回的理想，是有差异的。颜回希望：自己能在一个小国，辅佐一位圣明的君主。使君主在上，可道应天下；使臣子们在下，能德化群生。百姓讲信修睦，人民安居乐业；兵器铸为农具，城池复为良田；怀恩近邻，柔接远方；周边各国，无不感召德义，寝兵释战；天下从此，无斗战之患。如果能有这么一天，那么，又有什么苦难，需要子路同学，去冒死拯救？那么，又有什么战难，需要子贡同学，去劳思化解？”

“美哉！大士。”颜渊的一番话，令孔子嗟叹不已。

子路此时，举手问道：“请问先生，您的志愿，又是如何？”

孔子回道：“愿颜渊得志！我将背着行李典籍，跟从颜渊这孩子。”

二、仁 者 爱 人

孔子思想的核心是“仁”，“仁”的实质是爱，是对生命的尊重。“仁”最简单的表述就是“爱人”，即对人的尊重和同情。孔子强调，仁作为一种普遍的道德原则，必须由爱自己的父母开始。孔子不相信一个不爱自己父母的人能去爱普天下的人。所以孔子说“孝悌”是“仁之本”。孔子一直强调子女对父母应该有爱心。例如他说：“父母在，不远游，游必有方。”（《论语·里仁》）意思是说，父母在世时，儿女不能远行，即使要远行也要有限度。这句话的实质，并不是限制儿女的活动，而是希望儿女要懂得父母的心，不能远走高飞而杳无音讯，不能让父母对自己过分思念和牵挂。孔子还说：“父母之年，不可不知也。一则以喜，一则以惧。”（《论语·里仁》）意思是说，父母的年龄，做儿女的不能不知道，一方面为父母的长寿而庆幸，一方面又为父母的年老体衰而忧虑。

孔子的“仁”，是由“亲亲”出发，推广为普遍的爱。实现的方法就是“忠恕之道”。忠即“己欲立而立人，己欲达而达人”（《论语·雍也》），就是说，我自己有什么欲求，要想着别人也有这样的欲求，在满足自己欲求的时候，要想着使别人这样的欲求也能被满足。恕即“己所不欲，勿施于人”（《论语·卫灵公》），也就是说，自己不愿别人这样对我，我也不能这样对待别人。这就是推己及人，由亲及疏，由近及远，由家庭到社会，从而达到“博施于民而能济众”的普遍的爱。

今天，“己所不欲，勿施于人”，被认为是人类应该共同遵守的“黄金规则”。

「经典品读 3-1」

1. 能行五者于天下为仁矣。……恭、宽、信、敏、惠。恭则不侮，宽则得众，信则人任焉，敏则有功，惠则足以使人。(《论语·阳货》)

2. 君子务本，本立而道生。孝弟也者，其为仁之本与！(《论语·学而》)

3. 见贤思齐焉，见不贤而内自省也。(《论语·里仁》)

4. 志士仁人，无求生以害仁，有杀身以成仁。(《论语·卫灵公》)

5. 吾日三省吾身：为人谋而不忠乎？与朋友交而不信乎？传不习乎？《论语·学而》)

三、礼之用和为贵

在孔子以前，礼只作为国家政治生活中维护君主统治的一种典章制度，因此它常常与“敬天”“祭祖”等各种宗教仪式融合在一起，并不具有道德价值判断的含义。孔子是中国历史上揭示礼的实质并且赋予礼以道德含义的第一位思想家。

孔子最重视的是丧礼和祭礼。丧礼、祭礼的精神就是“慎终”（慎重送别死去的父母）“追远”（追怀自己的祖先）。孔子说，“子生三年，然后免于父母之怀”，子女生下来，要三年才能脱离父母的怀抱，因此子女对父母自然是一种爱慕之情，父母死了，这种爱慕之情和思念之情就表现为子女为父母服丧三年的礼。所以“礼”是出于人“亲亲”的真实情感。

图 3-5　四子侍坐

在孔子看来，礼是一种规范人们行为的制度，其最大的功能和作用，乃是调整人与人之间的关系，使之和谐有序，即“礼之用，和为贵”（图 3-5）。

「经典品读 3-2」

1. 人有礼则安，无礼则危。(《礼记·曲礼》)

2. 礼之教化也微，其止邪也于未形，使人日徙善远罪而不自知也。(《礼记·经解》)

3. 凡人之所以为人者，礼义也。礼义之始，在于正容体、齐颜色、顺辞令。容体正，颜色齐，辞令顺，而后礼义备。(《礼记·冠义》)

4. 君子敬而无失，与人恭而有礼，四海之内，皆兄弟也。君子何患乎无兄弟也？(《论语·颜渊》)

延伸阅读 3-3

“仁义礼智信”为儒家“五常”，孔子提出“仁、义、礼”，孟子延伸为“仁、义、礼、智”，董仲舒扩充为“仁、义、礼、智、信”，后称“五常”，是中国古代传统价值体系中的最核心因素。

“义”就是遵循内心的道德约束，去做正确的、合适的事情。孔子提倡“不义而富且贵，于我如浮云”，将“义”作为个人思想行为的重要标准。

“智”，这里的“智”不是佛教所说的顿悟，也非普通意义上的聪明才智，而是道德上的智慧，是正确的决策力、思考力和实践力、行动力的统一，是儒家理想人格的重要品质之一。孟子认为“智”即“是非之心”，人只要不断充实自己的道德智慧，就能知性、知天，进而达到很高的智慧境界。

“信”，诚实，不欺骗，被儒家视为人际交往的基本准则。孔子教授弟子时总是“忠”“信”并提，他说：“人而无信，不知其可也。大车无輗（ní），小车无軏（yuè），其何以行之哉？”人要是失去了信用或不讲信用，不知道他还可以做什么。（就像）大车没有车辕与轭相连接的木销子，小车没有车杠与横木相衔接的销钉，它靠什么行走呢？曾子每日三省其身，其中一条就是：“与朋友交而不信乎？”意即与朋友交往时守信了吗？

四、学而不厌

《论语》中开篇就说：“学而时习之，不亦说乎！有朋自远方来，不亦乐乎！人不知而不愠，不亦君子乎！”弟子将《学而》列为开篇首章，说明了孔子为学思想的重要性。孔子是谦虚的人，但是唯有好学这件事情他一点儿也不“谦虚”。他说：“十室之邑，必有忠信如丘者焉，不如丘之好学也。”（《论语·公冶长》）孔子自谓本性的良善或有人及之，这是孔子不敢自居的，但是好学精神是别人不及的。在学习态度和方法上，孔子有许多精辟的论述。他本人学识渊博，但总感到自己知识不足，还教育弟子，“知之为知之，不知为不知，是知也”（《论语·为政》）。特别提倡勤学多问，“学而不厌”“发愤忘食，乐以忘忧”“敏而好学，不耻下问”。在他看来，只要善于学习到处都有老师。“三人行，必有我师焉，择其善者而从之，其不善者而改之”（《论语·述而》）。他很注意学习与思考结合，又以学为思的基础，认为“学而不思则罔，思而不学则殆”（《论语·为政》）。主张吸收新知识与复习已有知识相结合，“温故而知新”“学而时习之”。

延伸阅读3-4 韦编三绝

春秋时期没有纸，字是写在一片片竹简上，一部书要用许多竹简，必须用绳子把这些竹简编联在一起才能阅读。平时卷起来放着，看时就打开来。通常，用丝线编联的绳子叫“丝编”，用麻绳编联的叫“绳编”，用熟牛皮绳编联的叫“韦编”。

孔子周游列国从卫国回鲁国后，鲁国始终不重用他。这时他喜欢读《周易》，《周易》文字艰涩，内容隐晦，孔子就翻来覆去地读，这样读来读去，把编联竹简的牛皮绳子磨断了许多次。即使读到了这样的地步，孔子还谦虚地说：“如果再给我数年时间来学习《易》，就不会犯大的过错了。”

第2节 孟 子

一、孟子生平

孟子（约公元前372—公元前289年）名轲，字子舆。战国中期邹（今山东邹城）人。受业于子思门人。战国时期思想家、政治家、教育家，先秦儒家学派的重要代表人物之一。孟子是春秋时鲁国“三桓”之一孟孙氏的后代。孟孙氏的一支由鲁迁邹，逐渐没落，到孟子父辈时就已跟平民差不多了（图3-6）。

孟子早年曾游学稷下，并一度任齐宣王客卿。孟子历游齐、宋、滕、魏诸国，宣传他的思想和学说。但当时各国忙于合纵连横，以攻伐为尚，孟子学说并不合时宜。因此孟子晚年便和弟子万章、公孙丑等著书立说，授徒讲学，作《孟子》七篇。《孟子》后来被列为《四书》之一，成为儒家的重要经典。

孟子一生推崇孔子，认为“自生民以来，未有盛于孔子也”（《孟子·公孙丑》）。他不遗余力地传播发挥孔子思想，被后世尊为“亚圣”，儒家学说亦被称为“孔孟之道”。

图3-6 孟子像

孟子学说的特点是以“心”释“仁”，以“义”行“仁”，建立起比孔子更为系统的仁学思想体系，使儒学发展进入一个新的历史阶段。

延伸阅读3-5 孟母教子故事

西汉前期，在韩婴撰《韩诗外传》中引用“断机教子”“杀豚不欺子”来解释《诗经》，西汉后期刘向将“孟母三迁择邻”故事编入《列女传》，至此“孟母教子传说”有文献记载。到南宋末年，王应麟编《三字经》引证的第一个典故即是“昔孟母，择邻处，子不学，断机杼。”

据有关文献记载，孟轲三岁失去父亲，靠母亲仉氏抚育成人。据说，孟母原宅靠墓地。孟轲少年时，经常学做埋死人的游戏。孟母认为长居此地，不但会影响孟轲读书，而且会败坏他的品德，于是毅然迁居。新居地处南北通衢，行商客贾，过往迎来，热闹非常。终日置身于熙熙攘攘的闹市之中，孟轲又和邻居的孩子们“嬉戏为贾炫事”，孟母认为这里也不利于孟轲的成长，于是又一次迁居到学宫之旁。孟子被书院传出的琅琅读书声所吸引，时常到书院里学习诗书，演习周代礼仪，“嬉戏乃设俎豆，揖让进退”。孟母大悦，“此真可以居子矣”，就在此定居下来，并把孟轲送入学宫，留下了“三迁择邻”的美谈。

孟轲入学宫后，初学诗书、礼仪、驾车、射箭，开始很有兴趣，但时间一长就渐渐感到厌烦了。一天，不到放学时间孟轲就跑回家来。孟母正在织布，经询问知其逃学，很是生气，当即把孟轲唤到跟前，当着他的面拿过刀就把织布机上的经线全部割断了。被母亲这一举动惊呆了的孟轲，喃喃地问为什么要这样。孟母语重心长地教导孟轲：布是一丝一线织起来的，现在把线割断布就无法织成了。读书求知也和织布一样，要靠持之以恒的努力，才能获得渊博的学问。现在你逃学如同我断机，线断了则织不成布。常逃学，则学无所成。

孟母这番深入浅出的道理，使孟轲少年的心灵受到启发和震动。

孟轲八岁时，东邻屠户杀猪，孟轲听到猪的嚎叫声，问母亲："东家杀猪干什么？"孟母信口回答："给你吃。"说完又后悔不迭，"今适有知而欺之，是教子不信也"，虽家境拮据仍买来猪肉，炖了给孟轲吃，"明不欺也"。

更能反映孟母教子智慧的则是"孟子出妻"的故事。一个夏日的中午，天气异常炎热，孟子的妻子田氏独自在屋里织布，因酷热难忍，解开了上衣。这时，孟子推门而入，见妻子衣衫不整，认为妻子有失礼仪，便要休妻。孟母知道后喝斥孟子说："礼制规定，进门时，要先问谁在屋里；上堂时，要发出声音；进到屋里，目光要向下，这样是为了尊重别人的隐私。你要求别人守礼，首先要对别人尊重，而你自己没有按照礼制的规定去做，是你失礼在先，怎么反而责怪别人呢？"孟母的一番话使孟子深感惭愧，打消了休妻的念头，并向妻子赔礼道歉。孟母的这番道理形成了孟子严于律己的品质。

图 3-7 邹城孟庙

孟母通晓礼义，教子有方，因此史籍说："君子谓孟母知为人母之道矣。"孟母对孟子的影响十分重要，在母亲的教导下，孟子由此变得"旦夕勤学不息"。最后成为一代大儒（图 3-7）。

二、民贵君轻

孟子发展和改造了孔子"礼治"和"德政"的理论，提出了"仁政"学说，这是他政治思想的核心。孟子的仁政学说，表现在经济上，主张"分田制禄"，即耕者有其田。在政治上，孟子主张施仁政，将"人和"看成是统治者成败的决定因素。要争取民心归向，就必须在政治上采取开明措施，反对暴政，施行仁政，而仁政就是"以德服人"。孟子总结历史得出"得民心者得天下，失民心者失天下"的宝贵经验，并且提出"民为贵，社稷次之，君为轻"（《孟子·尽心下》）的"民贵君轻"思想，为儒家的"人本主义"奠定了基础。

经典品读 3-3

1. 以力服人者，非心服也，力不赡也；以德服人者，中心悦而诚服也。（《孟子·公孙丑上》）

2. 权，然后知轻重；度，然后知长短。物皆然，心为甚。（《孟子·梁惠王上》）

3. 天下之本在国，国之本在家，家之本在身。（《孟子·离娄上》）

4. 仁，人之安宅也；义，人之正路也。（《孟子·离娄上》）

5. 君子不怨天，不尤人（图 3-8）。（《孟子·公孙丑下》）

图 3-8 孟子游说浮雕

三、人性本善

在《孟子》中，仁、义、礼、智称“四端”，与恻隐之心、羞恶之心、辞让之心、是非之心“四心”相对应，成为孟子性善说、仁义论、仁政主张的基础。“四端”及“四心”说的提出，是孟子为其性善说构建的理论基石，是孟子对儒家理论的一个重要发展。

性善论是孟子仁政、伦理学说的理论基石。性善论的提出，是孟子在儒家思想发展史上的重大贡献。后儒认为：“孟子有大功于世，以其言性善也”；“孟子性善、养气之论，皆前圣所未发。”

孟子以“心”论“性”，宋代的陆九渊、明代的王阳明就是在孟子论心、论性的基础上发展出了“心即理”的心学理论。

经典品读3-4

1．仁者爱人，有礼者敬人。爱人者，人恒爱之；敬人者，人恒敬之。（《孟子·离娄下》）

2．恻隐之心，仁之端也；羞恶之心，义之端也；辞让之心，礼之端也；是非之心，智之端也。人之有是四端也，犹其有四体也。（《孟子·公孙丑上》）

3．得道者多助，失道者寡助。寡助之至，亲戚畔之；多助之至，天下顺之。（《孟子·公孙丑下》）

4．世俗所谓不孝者五：惰其四支，不顾父母之养，一不孝也；博奕好饮酒，不顾父母之养，二不孝也；好货财，私妻子，不顾父母之养，三不孝也；从耳目之欲，以为父母戮（lù），四不孝也；好勇斗很，以危父母，五不孝也。（《孟子·离娄章句下》）

四、天人合一

孟子认为，要发扬天赋的道德观念和人性本善的良知良能，关键在于发挥“心”的作用。因此提出“尽心、知性、知天”的“天人合一”论。

什么是“心”？孟子作了别开生面的解释：“心之官则思。”心的官能或职能在于思维。因此，要认识事物，就要靠心的思维，“思则得之，不思则不得也”（《孟子·告子上》）。

既然“心”这么重要，因此对于人来说，就要充分发挥心的作用，此之谓“尽心”。在孟子看来，能充分发挥心的作用，便可了解自己的本性，了解自己的本性，也就了解了天命与天道，所以他说：“尽其心者，知其性也；知其性，则知天矣”（《孟子·尽心上》）。这样，孟子就从认识论的角度论述了“天人合一”说。在孟子这里，心、性、天是完全统一的，因为人的善性是天赋的，认识了自己的善性便认识了天，并通过尽心、养性等一系列修养工夫，便可达到“上下与天地同流”的最高境界。

如何修养自己的心呢？孟子提出“吾善养吾浩然之气”的修养方法。他认为天地之间有一种浩然之气，“其为气也，至大至刚，以直养而无害害，则塞于天地之间”（《孟子·公孙丑上》）。此气是天地间的正气，也是最高的道德节操。有了这种气，便可培养出“富贵不能淫，贫贱不能移，威武不能屈”的“大丈夫”精神。

孟子对“浩然之气”和“天人合一”境界的追求与执着，为中国历史上的仁人志士在树立崇高道德人格方面，提供了宝贵的思想文化资源。

「经典品读 3-5」

1. 尽其心者，知其性也。知其性，则知天矣。存其心，养其性，所以事天也。(《孟子·尽心上》)

2. 性犹湍水也，决诸东方则东流，决诸西方则西流。人性之无分于善不善也，犹水之无分于东西也。(《孟子·告子上》)

3. 天将降大任于斯人也，必先苦其心志，劳其筋骨，饿其体肤，空乏其身，行拂乱其所为也，所以动心忍性，增益其所不能。(《孟子·告子下》)

4. 人恒过，然后能改；困于心，衡于虑，而后作；征于色，发于声，而后喻。(《孟子·告子下》)

5. 故士穷不失义，达不离道。穷不失义，故士得己焉；达不离道，故民不失望焉。古之人，得志，泽加于民；不得志，修身见于世。穷则独善其身，达则兼济天下。(《孟子·尽心上》)

第3节 荀 子

一、荀子生平

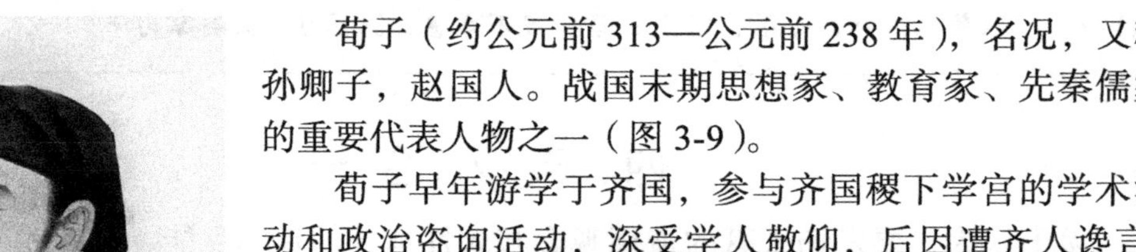

图 3-9 荀子

荀子（约公元前 313—公元前 238 年），名况，又称孙卿子，赵国人。战国末期思想家、教育家、先秦儒家的重要代表人物之一（图 3-9）。

荀子早年游学于齐国，参与齐国稷下学宫的学术活动和政治咨询活动，深受学人敬仰，后因遭齐人谗言，于齐缗王末年（约公元前 285 年）去楚国。齐襄王时返齐，曾三为稷下学宫祭酒（学宫主持人）。秦昭王四十四年（公元前 266 年），应秦王之聘入秦。此后曾返回赵国，不久，应楚相春申君黄歇召，任兰陵（今山东苍山县）令，春申君死后，在此著书终其一生。现存《荀子》三十二篇，大旨以儒家思想为本，兼收道、墨、名、法诸家之长，是战国末期学术思想的总结者，在中国哲学史、思想史及儒学史上都占有重要地位。

二、隆礼重法

如果说孟子发展了孔子“仁”的思想，那么，荀子则吸收先秦法家（特别是齐法家）思想并以之发展了孔子“礼”的思想，提出礼法兼治、王霸并用的主张。

在荀子看来，“人无礼则不生，事无礼则不成，国家无礼则不宁”（《荀子·修身》）。“礼”作为等级制度和社会规范，对于人生、社会和国家是不可以缺少的。同时荀子吸收了先秦法家思想，认为以“法”治国不可缺少。因此只有完善法制，才能与

"隆礼"相配合，使国家和社会走上正常轨道，此即"隆礼至法则国有常"(《荀子·君道》)。

在"礼"与"法"的关系上，荀子认为"礼"是"法"的根本原则和基础，法制必须建立在礼制的基础上，才能发挥作用，所以他说："礼者，法之大分、类之纲纪也。"(《荀子·劝学》)"大分"，即总纲。"类"，指类推、类比。这是说，礼是确立法律的总纲，也是以法类推的各种条例的纲要。

「经典品读3-6」

1. 至道大形：隆礼至法则国有常，尚贤使能则民知方，纂论公察则民不疑，赏克罚偷则民不怠，兼听齐明则天下归之。(《荀子·君道》)

2. 隆礼尊贤而王，重法爱民而霸。(《荀子·强国》)

3. 道虽迩，不行不至；事虽小，不为不成。(《荀子·修身》)

4. 不闻不若闻之，闻之不若见之，见之不若知之，知之不若行之，学至于行之而止矣。(《荀子·儒效》)

5. 君子之学也，入乎耳，箸乎心，布乎四体，形乎动静。(《荀子·劝学》)

三、人性本恶

在人性问题上，荀子反对孟子的性善论，主张性恶论。这是为他的"隆礼""重法"的社会政治思想作理论上的论证。

荀子提出"凡性者，天之就也"(《荀子·性恶》)。这是说，人的本性是自然生成的。在荀子看来，"今人之性，饥而欲饱，寒而欲暖，劳而欲休，此人之情性也。"(《荀子·性恶》)如果顺着这种自然本性而行动，不加约束和限制，社会就会产生争夺、残害、淫乱等行为，所以人性是恶的。

既然人性是恶的，那么如何解释善的道德行为呢？荀子说："人之性恶明矣，其善者伪也。"(《荀子·性恶》)这里的"伪"，即人为的意思。荀子认为，善的道德意识是后天人为修养的结果，这种后天人为的修养就叫"伪"。二者既是对立的，同时又是统一的，"无性，则伪之无所加；无伪，则性不能自美。……性伪合而天下治"(《荀子·礼论》)。意思是说，没有自然本性，就用不着社会道德的人为加工；没有人为加工，人性就不能由恶变善。

「经典品读3-7」

1. 善学者尽其理，善行者究其难。(《荀子·大略》)

2. 不登高山，不知天之高也；不临深溪，不知地之厚也。不闻先王之遗言，不知学问之大也。(《荀子·劝学》)

3. 以仁心说，以学心听，以公心辨。(《荀子·正名》)

4. 天不为人之恶寒也辍冬，地不为人之恶辽远而辍广。(《荀子·天论》)

四、稷下争鸣

荀子是稷下学宫最为显赫的学者，齐襄王时参加了稷下学宫的恢复工作，曾三为祭酒（学宫主持人），司马迁称其为“最为老师”，所以说到荀子便不得不说稷下学宫。

（一）稷下学宫

稷下学宫，是战国时期由齐国官方创办的一个学术文化中心兼政治咨询中心。稷下学宫设置在战国时齐国的都城临淄（今山东淄博）稷门（西边南首门）附近地区，故得名“稷下学宫”。稷下学宫初创于田齐桓公（田午）时，繁荣于齐威王时，齐宣王时期达到鼎盛。齐闵王时国破君亡，学宫遭废，齐襄王复国后稷下“中兴”。直到末代国君齐王建时，随秦灭齐而学宫消亡。前后经历 5 代，150 余年（图 3-10）。

图 3-10　稷下学宫遗址

稷下学宫具有“研究院性质”，也被认为是“齐国的最高学府”，还是政府的议事机构，可以说是集政治、学术、教育“三位一体”。在长达一个半世纪的岁月中，扩展蔓延，日趋繁荣，取得了辉煌的成就，是中国学术思想史上的重要一环，对后世影响深远。

稷下学宫是百家争鸣的主阵地。各大学术派别诸如儒、道、法、名、阴阳、墨、兵、农、轻重家等，都在稷下存在、发展过，它们在稷下这个自由、宽松的学术天地中，相互辩难，对许多学术中的理论问题都曾进行了深入探讨。

稷下争鸣造就了一大批杰出的思想家，留下了大量对后世影响深远的经典著作。齐宣王时曾将稷下著名学者 76 人封为上大夫，应该说这 70 余人都是大师级的人物，如淳于髡、尹文、孟子、荀子、田骈、慎到、邹衍等。这些学者留下了如《尹文子》《邹子》《田子》《捷子》《宋子》等数量可观的著作，为我国学术的发展做出巨大的贡献，是秦汉博士制度的起源（图 3-11）。

图 3-11　稷下争鸣浮雕

延伸阅读 3-6　　学术自由，平等共存

虽然田齐政权倡导的是黄老之学，使之在稷下学宫得到了长期、充足的发展，出现了慎到、田骈、环渊、接子等著名的稷下先生，但稷下黄老之学并没有获得高于其他学派的特殊权利。田齐政权对其他学派同样非常尊重，绝不排挤打击。

齐宣王曾多次向孟子问政，甚至像齐伐燕这样的重大决策，也向孟子征求意见。有好多次，争论起来，齐宣王被孟子弄得面红耳赤，“王顾左右而言他”，十分尴尬。但齐宣王毫不在意，依然对孟子非常谦逊和尊敬。尽管政见不合，但齐宣王还是给孟子提供大量经费，用于他的研究和教育事业。资助并培养自己的反对派，齐宣王的度量和气魄，令今人汗颜！孟子离开齐国时，齐宣王还全力挽留，并“欲中国而授孟子室，养弟子以万钟”，也就是打算给孟子建一座房子，并资助他收徒办学。

不仅听从“大牌”的意见，连学宫中名不见经传的小字辈，也可以当面批评齐宣王。有个叫王斗的人，就曾经当面斥责过齐宣王，并理直气壮地强调：“士贵君不贵。”齐宣王和颜悦色地说：“先生说的是，请先生一定监督我的作为，时时指出我的过错。”

还有个叫钟离春的女子，就是被后世称为“四大丑女”之一的钟无艳，上书批评齐宣王的过失。齐宣王大为感动，立其为王后。这种知无不言、言无不尽、言者无罪、闻者足戒的和谐氛围，值得后世好好学习。

（二）诸子百家半齐鲁

战国时期诸子学术的繁荣，是先秦思想学术文化臻于极盛的重要标志，而其发生、发展的中心区域即在齐鲁之地，其主要特征之一就是诸子各家及其代表人物多半出于齐鲁或受齐鲁的重大影响。

儒家代表人物除孔子为鲁人之外，战国时期主要有三位大师：一为孔子之孙子思；二为孟子，都是鲁人；另一位大师便是荀子，虽为赵人但在齐久居三十多年，曾任兰陵令，且死后葬于兰陵。

墨家的创始人是墨翟（约公元前490—公元前403年），鲁国人，今滕州人。墨子出身手工业者，擅长器械制造。阴阳五行说的代表人物邹衍、驺奭都是齐国人。儒、墨、阴阳三家主要代表人物俱出齐鲁，占诸子半壁江山。

道家主要代表人物老子、庄子都不是齐鲁之人。除老子、庄子外，战国时期的道家还有一个著名支派——黄老学派。而黄老学派的学者中大部分是齐人或久居稷下的学者，其代表人物有田骈（齐人）、慎到（赵人，长居稷下）。从稷下学宫中的学术思潮来看，黄老之学占主导地位。而黄老之学传到西汉初叶，突然大放异彩，得到了广泛的传播和长足发展，成为统治思想。

就法家而言，后人多认为秦以法治统一天下，而将秦晋法家的代表人物李斯、韩非子作为战国法家的代表人物。其实，法家也分西派和东派，李斯、韩非等为西派，而东派就是齐法家。齐法家以齐国的管仲学派为根柢而成长、发展、兴盛于春秋及战国早中期，秦晋法家也奠基于春秋而集大成于战国中晚期。从某种意义上讲，西派法家更多得到了东派法家的培育，突出表现在李斯、韩非都是荀子的学生。

名家的优秀代表人物公孙龙、尹文。尹文，为齐国人，是稷下著名学者。

纵横家代表人物苏秦、张仪都不是齐鲁之人。但据《史记》记载，二人都是“东事师于齐，而习之于鬼谷先生”，是齐人鬼谷子的得意门生。《隋书》也将鬼谷子这位祖师爷列为纵横家。

延伸阅读3-7

“诸子百家”是春秋、战国时期的各个学派的总称，具体包括哪些学派，汉代史学家司马迁、班固对此有不同的解释。司马迁将诸子百家概括为阴阳、儒、墨、名、法、道德六家，班固将诸子百家归纳为十家，即儒、墨、道、名、法、阴阳、农、纵横、杂、小说家。十家中除去小说家，又总称为九流，十家九流即来源于此。在这九流中，除讲合纵连横的纵横家、综合各家的杂家、主张“君民并耕”和提倡农业生产的农家之外，在学术思想上最重要的还是司马迁所讲的儒、墨、道、名、法、阴阳六家。

延伸阅读3-8

慎到讲兔子的故事

从前，有一只兔子，它在街上死命地跑，跑啊跑，后面啊不知多少人在追它，追啊追，一个个看上去都那么贪婪，毫无君子之风，可是人们却不认为这有什么不对，为什么呢？因为这只兔子的所有权还没有定下来，谁捉住就是谁的。

再设想一下：在一个卖兔子的市场上，到处都是兔子，也到处都是人。但是看不到哪怕一个人抢兔子，这不是太奇怪了吗？其实，并不是人们不想要兔子，只是这些兔子都是有主人的。所以虽然兔子就在眼前，但是即使好占便宜的人也不会去抢它。

田骈不宦

齐国有个普通人去拜见田骈，对田骈说：“我听说先生品格清高，声称不愿做官，而愿意替人服役。”田骈说：“您从哪里听说的？”那人回答说：“我从我邻居的女儿那里推断出来的。”田骈说：“你这话是什么意思？”那人回答说：“我的邻居的女儿，宣称不嫁人，但刚满三十岁，就生了七个孩子。是不出嫁，但大大超过了出嫁啊！如今，您宣称不做官，却拿三千钟的俸养，使唤着一百多名仆役。是没做官，可是大大超过了做官的啊！”

田骈连忙向他表示歉意。

（三）管仲、邹衍

图 3-12　管仲像

管仲（？—公元前 645 年），姬姓管氏，名夷吾，字仲，颍上人（今安徽颍上县）。中国古代著名经济学家、政治家、军事家。他以卓越的谋略辅佐齐桓公成为春秋时第一个霸主。管仲在齐桓公支持下，大兴改革，富国强兵，重视商业。他的改革，使齐国工商业繁荣发达成为强国（图 3-12）。

管仲之后，齐国一直存在着推崇管仲的风气，人们搜集整理管仲的事迹和治国方略，继承并发展管仲的思想学说，逐渐形成一个学派。这一学派的文章汇总为《管子》一书。

经典品读 3-8

1. 一年之计，莫如树谷；十年之计，莫如树木；终身之计，莫如树人。(《管子·权修》)

2. 海不辞水，故能成其大；山不辞土石，故能成其高；士不厌学，故能成其圣。(《管子·形势解》)

3. 凡治国之道，必先富民。(《管子·治国》)

4. 事者，生于虑，成于务，失于傲。(《管子·乘马》)

邹衍（约公元前324—公元前250年），战国末期齐国人。之前，无论阴阳学说还是五行学说，都只获得了初步的发展，在许多地方，存在不足。邹衍将阴阳与五行结合起来，进行了一番精心改造，用以解释社会与自然现象，并在稷下学宫形成了一个影响深远的学派——阴阳五行学派。

延伸阅读3-9 管鲍之交

春秋时管仲、鲍叔牙的交情极深，就连辅佐主公这样的关系一生命运的大事都是两人商议办的。他们认定，齐国国君襄公的异母兄弟公子纠和公子小白两人中必有一人将会继承国君之位，于是管仲去辅佐公子纠，鲍叔牙去辅佐公子小白。

二人认为襄公性情暴戾，没有儿子，齐国为君位继承之事必生内乱，只有带两位公子外出避祸，才能防止不测。于是管仲带公子纠到鲁国，鲍叔牙带公子小白到莒国。

两位公子出走不久，齐国果然发生了内乱，先后有两位国君被杀。齐国一些重臣认为公子小白很有仁德，便派使者到莒国迎公子小白回国即位。

消息传到鲁国，鲁庄公以为这是扩大鲁国势力的绝好机会，于是亲率大军护送公子纠回国。莒国离齐国近，管仲怕公子小白先到齐国，向鲁庄公要了三十辆兵车，准备先行截住公子小白。

管仲日夜兼程追上了公子小白。他朝车上的公子小白施过礼后，说："公子还是请回吧，公子纠年长于公子，他回国祭祀逝去的国君，继承国君之位就可以了。"

站在车旁的鲍叔牙见管仲对自己的主公这样无理，大怒："管仲，鲁庄公想让公子纠做齐国国君，已率大军朝齐国赶来了吧？"鲍叔牙一语道破管仲的计谋，"我看还是你去告诉公子纠，请他回去吧！"随着鲍叔牙的怒斥声，莒国护送公子小白的将士拔剑横戈，将管仲的兵车围住。

势单力薄的管仲在剑戈的逼迫下，无奈地调转了马头。他站在车上向鲍叔牙躬行大礼，直到兵车背向了鲍叔牙。为了各自的主公而使好友反目，此情此景令鲍叔牙心酸，禁不住转过身去。

就在鲁国军士正要扬鞭催马的一瞬间，躬身行礼的管仲取下挂在车边的弓箭，张弓搭箭，突然转身向公子小白射去。飞箭射中了公子小白。公子小白大叫一声，口吐鲜血倒在车中。未等莒国的将士从惊愕中醒来，管仲的兵车已绝尘而去。

最聪明的人也有意想不到的事。公子小白没有死，箭射在他的铜带钩上。他急中生智，将舌头咬破，吐出鲜血装死。管仲的兵车跑远后，公子小白立即恢复了常态。于是，公子小白做了齐国国君，他就是春秋时期五霸之一的齐桓公。

鲁庄公迟了数天才到达齐国，得知公子小白已经做了国君，怒火中烧，立即率大军攻打齐国。有了新国君的齐国，群情振奋，整军迎敌，在都城郊外大败鲁军，接着又挥师向鲁国杀去。齐桓公派使者见鲁庄公，命他杀掉公子纠，交出管仲。无力再战的鲁庄公为求齐国退兵，只好一一照办。

管仲被押回齐国，刚进入齐国国界，便看到鲍叔牙已在迎候他了。鲍叔牙让军士将囚车打开，并上前将管仲紧紧地抱住。

"管仲，我们又在一起了。"

"我是你的败将。"

"可那箭如果射中了主公，我就是你的败将。"

"你选对了辅佐的主公。"

"如果当初选择主公的是你呢？"

苦闷中的管仲望着鲍叔牙渐渐露出了笑脸，随后，二人仰天大笑。

回到都城，鲍叔牙立即晋见齐桓公，推荐管仲为相。

齐桓公疑惑地说："管仲要置我于死地，我要杀了他，怎么还能拜他做相呢？我是要拜你为相啊！"

"谢谢主公对我的恩宠，"鲍叔牙说，"可我的治国能力不如管仲，管仲才是治国人才。士为其主，管仲用箭射您，是忠于他的主公。现在公子纠已死，您正可以请他辅佐您，帮您成就霸业。"

齐桓公接受了鲍叔牙的举荐，亲自坐车将管仲迎进宫中，向他求教治国方略。不久便拜管仲为相，鲍叔牙为大夫。管仲、鲍叔牙同心治理齐国，仅七年时间，便辅佐齐桓公做了春秋的第一个霸主。

真诚是友谊的基石。鲍叔牙待友以国事为重，不计个人得失，诚信宽厚，心怀坦荡，管鲍之交因而也就成为自古以来最为人称道的交友楷模。

小　结

本章详细讲解了先秦儒家学派代表人物的简单生平和主要思想。孔子既重视一个人对社会的贡献，更重视精神境界的提升。受孔子的影响，其后的历代思想家都强调一个人不仅要增长自己的知识和学问，更重要的是开阔自己的胸襟，养浩然之气，提高自己的精神境界。

练习与思考

一、填空题

1. 孔子思想的核心是________，________的实质是爱，是对生命的尊重。
2. 学而不思则罔，________。
3. ________，勿施于人。
4. 仁、义、礼、智称________。
5. 道虽迩，不行不至；________。
6. 战国时期的道家还有一个著名支派——________。
7. 阴阳五行，是________学说和________学说的合称。

二、思考题

1. 何为"慎终""追远"？
2. "仁"是否就是"博爱"？为什么？

实践活动

经典诵读大会

【活动目标】

诵读经典，涵养个人精神气质。

【活动方法】

任务驱动法

教师给学生从《论语》《孟子》《荀子》中挑选出符合社会主义核心价值观的经典名句，组织学生集体背诵，最大限度地激发学生参与活动的积极性和主动性。

【活动流程】

（一）活动准备

1. 设计活动方案

教师根据活动目标，围绕活动主题，结合本校实际情况，设计切实可行的诵读大会方案。

2. 合理分组

根据思想主题，分组安排学生诵读。

（二）活动实施

1. 组织学生熟读熟记经典名句。
2. 组织学生分组排列不同队形。
3. 进行舞台和音乐舞美设计。
4. 购买汉服，让学生着装诵读。

（三）成果展示

在祭孔日进行诵读大会展演。

第4章 兵家文化

同学们，金蝉脱壳、抛砖引玉、以逸待劳、打草惊蛇、顺手牵羊，这些都是我们非常熟悉的成语。可是你知道它们也是地地道道的兵法策略吗？中华兵家文化博大精深，在齐鲁大地上，又出现了哪些知名的兵家人物呢？下面就让我们通过这一章的学习来了解齐鲁兵家文化。

中华五千年文明史上，发生了无数次大大小小的战争，也造就了中国古代辉煌的兵家思想文化。战争使一批批杰出的军事家脱颖而出，他们或在战略上高瞻远瞩，或在战术上灵活机变，如姜尚、孙武、孙膑、诸葛亮等人，皆为兵家的杰出代表，他们的思想、著作都是齐鲁文化非常重要的一部分。

第1节　姜尚兵学成就

一、生平及功绩

姜尚（图4-1），生卒年不详，字牙，尊称子牙。据《史记·齐太公世家》记载：姜尚先祖因辅佐大禹治水有功，被封于吕地。本姓姜，因采用封地吕作姓氏，故姜尚又名作吕尚。后垂钓于渭水之滨，得以与周文王相遇并为其赏识，赐号“太公望”，因此人又称“姜太公”。姜太公是中国历史上极为著名的政治家、军事家、谋略家，他在周文王、周武王灭商兴周的过程中起到举足轻重的作用，也是齐国的第一任国君（图4-2）。

图4-1　姜尚

图4-2　山东淄博姜太公祠

延伸阅读4-1　　**姜太公钓鱼**

姜尚过去生活得非常贫穷困苦，年纪大了，想要利用钓鱼的机会求见西伯姬昌。西伯准备去打猎，事先占卜吉凶，卜辞上说：“这次打猎所获得的不是龙不是螭，不是虎也不是罴；所获得的将是能够辅助成就霸业的人才。”西伯姬昌于是去打猎，果然在渭水之滨的磻溪遇到了姜尚。他同姜尚交谈之后非常高兴，说：“我的先代君主太公曾说过一定会有圣贤之士来辅佐周国，周国将依靠他的力量兴盛起来。他说的就是您吧？我的太公盼望先生已经很久了。”因此称吕尚为“太公望”，姬昌用车载着他一起回去，拜他为师。

这就是“姜太公钓鱼，愿者上钩”的故事（图4-3）。

图4-3 姜太公钓鱼

（一）灭商兴周

姜尚归周后，辅佐文王开始了修德兴仁以倾覆商王朝的大业。姜尚辅佐文王，一方面全面推行“文伐”战略，用德政使民众归心；另一方面运用兵权奇计，为“武伐”灭商纣作准备。周先后讨伐崇国、密须、犬夷等方国，大规模建设丰邑，天下三分之二的诸侯都归顺周国，这都与姜尚的图谋计策是密不可分的。

后文王去世，武王即位。武王想要继续完成文王的大业，所以进行东征以观察诸侯的向心归附情形。出发之前，姜尚作为全军统帅左手持黄钺，右手持白旄以誓师。兵至孟津，不约而同参加会盟的有八百余诸侯。诸侯纷纷建言征伐商纣，但武王以时机不成熟为由劝止。孟津观兵实际上是一次联合军事演习，检验了周国在诸侯国的影响力，也显示了姜尚“文伐”与“武伐”思想的正确性。

又过了两年，商纣王杀死王叔比干，囚禁箕子。姜尚提议武王立即出兵伐纣，双方在牧野大战。最终周军大获全胜，商纣王在鹿台自焚而死，商朝灭亡。牧野之战中，姜尚亲自率领精锐部队作为先锋出阵，挫伤了商军士气，扰乱了商军军心。《诗经·大明》云：“牧野洋洋，檀车煌煌，驷騵彭彭。维师尚父，时维鹰扬。凉彼武王，肆伐大商，会朝清明”，描写了姜尚在战争中的勇武形象。牧野之战也成为我国古代以少胜多的典型战役之一。

（二）封齐建国

周王朝建立之后，武王即封赏灭商兴周的有功之臣，首封姜尚于齐地。初封齐国时，莱人进犯，姜尚料敌在先，事先备战，从容应对，将莱人击溃，为建国治国肃清了环境。

姜尚封齐建国以后，一方面施行德政，因俗简礼，尊贤尚德，治国安民；另一方面大力倡导农工商业并举，因地制宜发展鱼盐之利，富国强民。因此人民多来归顺齐国。

姜尚封齐不久，周武王去世，周成王姬诵继位。成王年少，由其叔父周公旦摄政，武王的弟弟管叔、蔡叔、霍叔认为有机可乘，于是同试图复国的商纣之子武庚内外联结，反叛周室，史称“三监之乱”。当时，姜尚长子吕伋任周王朝虎贲之职，掌握宫廷卫队的统帅职权，姜尚与吕伋东西两线出击，迅速平定了三监之乱。就在此时，东夷强族徐夷和淮夷又起兵叛周，姜尚再次与吕伋联合作战，一鼓作气平定了徐夷、淮夷，并乘胜收服了蒲姑、奄、熊等十七族，使西周转危为安。

姜太公再次为安定周朝立下大功，平叛胜利后，周成王将姜太公平定的蒲姑等地增封给齐国，并授予姜太公征伐他国的大权，权力范围是“东至海，西至河，南至穆陵，北至无棣”(《史记·齐太公世家》)，齐国疆域大为扩展，齐国成为富强大国。

资源链接 4-1　央视网视频：《走遍中国》太公封齐

姜太公为灭商兴周、安齐兴齐，作出了巨大的贡献，其政治军事思想影响深远，被儒墨道各家奉为“百家宗师”。姜太公的人物形象也在史书、街头巷尾、文学作品、戏剧舞台上不断丰满，不断演绎，逐渐神化起来。《庄子》《列仙传》《搜神记》等著作中都有姜太公的寓言或神话故事，明清时期的《封神演义》更是将太公的故事传说集于一体。在《封神演义》中，太公作为书中主要人物，通过多次仙佛斗法斗智伐商灭纣，最后揭榜封神，衡量神仙功过而定其仙位尊卑，被赋予了至高之上的地位和职权。

总之，作为灭商伐纣的功臣、齐国的开国国君，姜太公的大智大圣及卓越功绩将继续为后人津津乐道。

二、军事思想

《史记·齐太公世家》载：“周西伯昌之脱羑里归，与吕尚阴谋修德以倾商政，其事多兵权与奇计，故后世之言兵及周之阴权皆宗太公为本谋。”也就是说，在灭商兴周的过程中，姜尚的兵学计谋起到了重要的作用，后世谈论用兵之道和隐秘权术都尊法姜太公的基本策略。

在治军与用兵上，姜尚主张树德敛人，就是施行德政敛聚人心，在此基础上发动战争必强必胜；主张“谋胜”，重视“不战而屈人之兵”的战术，具体谋略如文伐、用间等；主张修武建制，积极修缮武备，建立军制，为发动和应对战争创造必胜的条件；重视将帅在治军中的作用，主张选拔德才兼备、智勇双全的将领，树立将领在军队中的权威，严明军纪，奖罚分明。

此外，姜尚还主张重人事轻鬼神，据《史记·齐太公世家》记载，武王将要伐纣之时，卜卦显示不吉，又有暴风雨突至，群臣都非常恐惧，认为出兵会遭到上天的谴责，而姜尚却坚持劝谏武王出兵，认为只要顺应人心便可成事。这种“重人事轻鬼神”的精神在3000年前的商周时期实属难得。

「经典品读 4-1」

《六韬·论将》

武王问太公曰：“论将之道奈何？”

太公曰：“将有五材十过。”

武王曰：“敢问其目？”

太公曰：“所谓五材者，勇、智、仁、信、忠也。勇则不可犯，智则不可乱，仁则爱人，信则不欺，忠则无二心。

所谓十过者：有勇而轻死者，有急而心速者，有贪而好利者，有仁而不忍人者，有智而心怯者，有信而喜信人者，有廉洁而不爱人者，有智而心缓者，有刚毅而自用者，有懦而喜任人者。

勇而轻死者可暴也，急而心速者可久也，贪而好利者可遗也，仁而不忍人者可劳也，智而心怯者可窘也，信而喜信人者可诳也，廉洁而不爱人者可侮也，智而心缓者可袭也，刚毅而自用者可事也，懦而喜任人者可欺也。

故兵者，国之大事，存亡之道，命在于将。将者，国之辅，先王之所重也。故置将不可不察也。故曰：兵不两胜，亦不两败。兵出逾境，期不十日，不有亡国，必有破军杀将。”

武王曰：“善哉。”

关于姜尚军事思想的研究，很多学者都参考《六韬》一书。《六韬》相传为假太公之名所写，通过太公答文王、武王问话的形式阐述军政思想。《六韬》凡六卷，包括文韬卷、武韬卷、龙韬卷、虎韬卷、豹韬卷、犬韬卷，总计60篇，每卷围绕一个中心，每篇重点阐明1～2个军事战略战术问题。《六韬》内容丰富，博大精深，不仅是中国历史上一部颇具影响力的兵书，而且其治国方略、思想理论等也具有积极的现实意义。

第2节　孙武与《孙子兵法》

一、生　　平

孙武（图4-4），生卒年不详（约和孔子同时）。字长卿，齐国乐安人（一说山东惠民，一说山东广饶）。春秋末期兵家的代表，我国古代杰出的军事家、谋略家。

图4-4　孙武

（一）离齐适吴

孙武所处的齐国，姜齐政权逐渐衰微，以卿大夫为主的大宗族之间不断倾轧争斗，而此时的吴王阖闾励精图治，发愤图强。孙武从齐国出奔到吴国，经吴王重臣伍子胥推荐，在吴宫教战后得到吴王赏识，为吴王所重用。据记载，孙武以兵法13篇见于吴王阖闾，这就是传世的《孙子兵法》13篇。

延伸阅读4-2　　吴宫教战

孙武以所著兵法进见于吴王阖闾。阖闾想要试探孙武的治军才能，便派出宫中妇人180人让他操练演习，孙武把她们分两队操练，并用吴王宠爱的妃子二人为两队队长。初始，妇人皆嬉笑不听军令，在三令五申后依然如故，为严明军纪他将“左右队长”斩首示众，之后重新击鼓发令，妇人们的训练全都合乎规定和要求了。从此，吴王了解孙武会用兵，终于用他为将。这就是广为传扬的“吴宫教战”的故事。

（二）西破强楚

吴王任孙武为将后不久，就意欲攻打楚郢都，孙武以“民劳，未可，待之”（《史记·吴太伯世家》）加以劝阻，并针对吴弱楚强的实际情况提出了出奇制胜等伐楚方案。公元前506年，吴开始“入郢”决战，五战五捷，一举攻下郢都。在西破强楚的过程中，孙武贡献了自己的谋略智慧。正如司马迁所言：“西破强楚，入郢，北威齐晋，显名诸侯，孙子与有力焉。”（《史记·孙子吴起列传》）

二、《孙子兵法》主要军事思想

图 4-5　山东滨州孙子兵法城

《孙子兵法》为孙武所作，共13篇，具体为《计篇》《作战篇》《谋攻篇》《形篇》《势篇》《虚实篇》《军争篇》《九变篇》《行军篇》《地形篇》《九地篇》《火攻篇》《用间篇》。《孙子兵法》是先秦兵学的代表，在我国古代军事学术史及世界军事学术史上占有突出地位，对后世影响深远（图 4-5）。

延伸阅读 4-3　《孙子兵法》与《三十六计》

很多人将《三十六计》和《孙子兵法》并提。《三十六计》或称《三十六策》，语源于南北朝，成书于明清，也是很有影响力的一部兵书，深受《孙子兵法》影响。

书中总结了中国古代三十六个兵法策略，分为胜战计、敌战计、攻战计、混战计、并战计、败战计六类。其中，胜战计如瞒天过海、围魏救赵、借刀杀人；敌战计如无中生有、暗度陈仓、顺手牵羊；攻战计如打草惊蛇、借尸还魂、调虎离山；混战计如釜底抽薪、浑水摸鱼、金蝉脱壳；并战计如偷梁换柱、指桑骂槐、反客为主；败战计如美人计、空城计等等，都是人们耳熟能详的计策。《三十六计》是根据中国古代军事思想和丰富的斗争经验总结而成的兵书，也是中华民族悠久文化遗产之一。

资源链接 4-2　央视网视频：《百家讲坛》新解三十六计

《孙子兵法》是孙武军事思想的集中体现，是一个博大精深又缜密完整的兵学理论体系。它在战争观、战略战术原则和军队建设等方面都有精辟的分析和阐述。其杰出的理论贡献，使之成为中国兵家思想史的里程碑。

（一）战争观

春秋时期，诸侯争霸此起彼伏，各诸侯国在激烈的争霸兼并战争中，时时面临着生死存亡的严峻考验。孙武在这种背景下，提出了“谋略全胜”“安国全军”的战争观。

《孙子兵法》认识到战争关乎国家存亡、人民生死，因此告诫统治者应该慎重对待战争，不应随意或盲目发动战争；当战争无可避免时，为取得战争的胜利，统治者应重视战争，积极备战。决定战争胜负的原因是多方面的，其中最重要的是统治者政令得民心，上下同心同德，团结对敌，勇敢作战。同时，《孙子兵法》还具有朴素的辩证法思想，提出战争不仅仅是军事的争斗，更是牵涉到政治、经济、外交、文化、科技、心理等各方面的较量。

《孙子兵法》还提出战争最大的目的应该是“安国”，即保证国家安全这一根本利益的实现。如果不是对国家安定有利就不要发动战争，如果不是有绝对的取胜把握也不要对外用兵。一切都要根据是否有利于国家的利益来决定是否发动战争。为了最大限度“安国”，“不战而屈人之兵”即不战而胜是最理想的方略。

「经典品读4-2」

1. 孙子曰：兵者，国之大事，死生之地，存亡之道，不可不察也。(《计篇》)
2. 是故百战百胜，非善之善者也；不战而屈人之兵，善之善者也。(《计篇》)

（二）战略战术原则

孙武总结前人的兵学思想及春秋时代战争的基本经验与规律，主张“兵者诡道”，谋略制胜，由此提出了许多具有普遍规律性的战略战术原则。

例如，“知己知彼，百战不殆”，强调料敌制胜；“致人而不致于人”，强调要牢牢把握战争主动权；“出奇制胜”，主张以传统作战方法迎战，以诡道奇谋取胜；“兵贵神速”，强调在最短的时间内用最经济的代价取得胜利；等等。此外，《孙子兵法》还注重了解情况，全面分析敌我、众寡、强弱、虚实、攻守、进退等矛盾，并通过对战争客观规律的认识和掌握来克敌制胜。

「经典品读4-3」

1. 兵者，诡道也。故能而示之不能，用而示之不用，近而示之远，远而示之近。(《计篇》)
2. 故用兵之法，十则围之，五则攻之，倍则分之，敌则能战之，少则能逃之，不若则能避之。(《谋攻篇》)
3. 故曰：知彼知己者，百战不殆；不知彼而知己，一胜一负；不知彼不知己，每战必殆。(《谋攻篇》)
4. 故兵无常势，水无常形；能因敌变化而取胜者，谓之神。(《虚实篇》)
5. 兵之情主速，乘人之不及，由不虞之道，攻其所不戒也。(《九地篇》)
6. 投之亡地然后存，陷之死地然后生。夫众陷于害，然后能为胜败。(《九地篇》)

（三）治军思想

孙武把将帅的选拔作为治理军队、建设军队的重要内容，认为将帅的素质关乎战争的胜败乃至国家的安危，将德才兼备作为选取将帅的标准。

他主张将帅要对士卒仁和宽厚，要爱兵如子，同时，还要恩威并举、严爱相兼、赏罚分明，做到以法治军。

经典品读 4-4

1. 夫将者，国之辅也。辅周则国必强，辅隙则国必弱。(《谋攻篇》)
2. 故知兵之将，生民之司命，国家安危之主也。(《作战篇》)
3. 故令之以文，齐之以武，是谓必取。(《行军篇》)

《孙子兵法》的兵家思想来源于战争实践，是在实践基础上的理论升华，其论述充满了朴素唯物论和辩证法因素，语言简练概括，已为人们所熟知并运用。

延伸阅读 4-4　**毛泽东一纸破万兵**

孙子认为："上兵伐谋"，即用兵作战的上策是用智谋挫败敌人的战略方针。

1948 年秋，毛泽东主席和周恩来副主席正在研讨战局，忽然接到紧急电报，云蒋介石、傅作义将于 10 月 28 日拂晓开始偷袭。当时，主席身边只有一个主力团，敌我力量悬殊。毛主席思考片刻，想出一个对策：先把敌人偷袭的计划通过电台向全国广播，让敌人得知他们的偷袭计划已经泄露，并且我军早有准备。他亲自撰写了一篇新闻稿，指示新华社于 26 日晚广播。事情果然如毛泽东和周恩来所预料的那样，蒋介石在听到广播后大为震怒，指挥偷袭的郑挺锋打起了退堂鼓。参加偷袭的敌军害怕进入共军的圈套精神大为紧张，厌战情绪大增。后来虽然在蒋的严厉督促下实施了"偷袭"，但被我军拦路一打，各路偷袭部队无心作战，立即撤回去了。整个偷袭计划失败。

由此可见，通过"伐谋"可揭露敌人阴谋，破坏敌人行动计划，为最终战胜敌人创造有利条件。

三、《孙子兵法》的历史地位及现实价值

（一）历史地位

齐国兵学在其发展进程中，绵延相承，代有人出，至孙武之《孙子兵法》出，齐国兵学臻于高峰，秀出于列国之兵学。《孙子兵法》不但是齐国兵学的最高成就和集中体现，同时也是先秦兵学的代表。

自春秋末成书以来，《孙子兵法》就广为流传，对中国古代军事学术的发展产生了巨大而深远的影响，被人们尊奉为"兵学圣典""东方兵学鼻祖"，其后中国兵学的发展无不受孙武兵学的影响。战国时期的军事名著《孙膑兵法》《尉缭子》等引用了其中若干军事思想。1972 年，在山东临沂银雀山一号汉墓中，发现了迄今最早的竹简本《孙子兵法》。东汉末年曹操最早为此书作注，宋代时更是成为官方军事理论经典。

这种影响也远及海外。《孙子兵法》于8世纪开始传入日本、朝鲜，渐次传遍世界，已被译成日、英、法、俄等十几种文字，成为国内外研究的热点之一。

（二）现实价值

作为至今已有两千多年历史的古代兵书，其作战思想、基本原则已经渗透到现代军事中，并得到了广泛的应用。在海湾战争中，美国巧妙地运用《孙子兵法》“以正合，以奇胜”的思想，合理部署兵力，在地面进攻作战中收到了出奇制胜的效果。美国国防部报告《海湾战争》一书毫不隐讳地说：“总之，多国联盟成功地实践了孙子所说的‘上兵伐谋’的战略思想”（褚良才《孙子兵法研究与应用》）。

《孙子兵法》是一部超越时空、超越领域的智慧法典，不仅在军事领域，乃至商业竞争、企业管理、体育竞赛、外交谈判等诸多领域，都具有积极的现实意义。如“兵者诡道”“知己知彼”“避实击虚”等主张同样适用于波诡云谲的商业竞争中。我们应吸取其中的精华为我所用，让《孙子兵法》的智慧在现世闪耀。

延伸阅读4-5　小米顺势而为异军突起

小米雷军当年一句有关创业的理论——“站在风口上，猪都会飞”在市场引起过诸多争议。后来他说：“我引用这句话是为了说明创业成功的本质是找到风口，顺势而为。”他提到“势”出自《孙子兵法·兵势篇》——善于指挥打仗的人所造就的“势”，就像让圆石从极高极陡的山上滚下来一样，来势凶猛。小米的成功有时机因素，有人的因素，但它成功的最关键原因是顺大势，逆小势。

首先，小米赶上了智能机的大潮，赶上互联网、移动社交平台的崛起，赶上国家走出去的战略，顺应了大势。目前，中国的智能手机和互联网行业是全球领先的，这是不争的事实佐证。同时，小米不走传统路线，放大小的风口，利用微博等新社交媒体，打破行业价格体系，去做别人不屑于做的或不敢做的微创新。比如一开始就全力以赴和用户搞好关系，不单是依赖社区反馈进化，不单是各种外设，不单是强大的社区。没有哪家公司会花这么多精力对待自己的用户，尽管后来竞争形势所迫，个别竞争对手也有所为，但却做不到小米那种境界。

据说小米正在筹划上市，当然不是简单的套现，更多的是获取更多的资本支持，做稳做强，去探索更大的可能。

第3节　孙膑军事实践

一、生平及军事实践

孙膑，生卒年不详，战国中期齐国人，著名军事家，是孙武的后代（图4-6）。

（一）受诬膑脚

据《史记·孙子吴起列传》记载，孙膑曾与庞涓为同窗，师从著名的兵学家鬼

图 4-6 孙膑像

谷子学习兵法。他谦虚好学，才智过人，精通《孙子兵法》。后庞涓任魏惠王将军，自知才干不及孙膑，嫉贤妒能，诱骗孙膑至魏国，陷害孙膑，对孙膑施以膑刑，割去膝盖骨，故世称孙膑。后在齐国使者的帮助下投奔齐国，得到齐将田忌的器重。当时齐威王喜欢赛马，时常同贵族们赛马赌输赢，而田忌每次比赛总是输。在一次赛马时，孙膑教授田忌巧妙计策："今以君之下驷与彼上驷，取君上驷与彼中驷，取君中驷与彼下驷。"(《史记·孙子吴起列传》）结果田忌以一场不胜两场胜的成绩，赢得了齐王的千金赌注，田忌因此把孙膑推荐给齐威王。齐威王重用孙膑，任命为军师。

（二）桂陵之战

孙膑在军事实践中显示了卓越的指挥才能，其中最著名的是桂陵之战和马陵之战中孙膑指挥齐军大破魏军。公元前 354 年，魏国派大将庞涓领兵 8 万，围攻赵都邯郸。次年赵国向齐国求救。齐国以田忌为主将，孙膑为军师，领兵救赵。孙膑向田忌提出解乱丝麻不能整团地抓住去拉，劝解打架不要在相持很紧的时候去劝和，要避实就虚，掌握形势，赵国的危机"则自为解耳"，因此建议齐军挥师直捣魏都大梁（今开封）。果然魏惠王急令庞涓统兵回救。庞涓不得不放弃邯郸，抛弃辎重，兼程追击。孙膑判断魏军回师必经桂陵（今山东菏泽北），立即率齐军主力北上，在桂陵设下埋伏。当长途跋涉的魏军一到，以逸待劳的齐军突然发起强攻，大败魏军，庞涓只身逃回魏国（一说庞涓被生擒）。孙膑在作战中避实击虚、攻其必救，用"围魏救赵"的战法，打了一场漂亮的截击战，大败庞涓的魏军。

桂陵之战是历史上一次著名的截击战，孙膑创造的军事史上著名的"围魏救赵"战法，成为两千多年来军事上诱敌就范的常用手段。在抗日战争和解放战争时期，我军将"围魏救赵"战法发展成为"围点、攻点和夺点打援"的人民战争的战略战术，创造出了许多围城打援的光辉战例。

资源链接 4-3 央视网《百家讲坛》战国七雄（五）围魏救赵

（三）马陵之战

公元前 341 年，魏国与赵国联合攻打韩国，国小力薄的韩国向齐国求救，这一次齐威王仍任命田忌为齐军统帅，以孙膑为军师，率军救韩。孙膑此次依然沿用桂陵之战的策略，"直走大梁。魏将庞涓闻之，去韩而归"(《史记·孙子吴起列传》)。然后，孙膑采取减灶示弱计策，诱敌深入，在马陵（今山东郯城，一说今河北大名）设伏围歼魏军，迫使庞涓自杀。齐军大败魏军，"虏魏太子申以归"，齐国声威大震。孙膑辅佐齐国，奠定了齐国的霸业，从此名显天下。

「经典品读4-5」

马陵之战

后十三岁，魏与赵攻韩，韩告急于齐。齐使田忌将而往，直走大梁。魏将庞涓闻之，去韩而归，齐军既已过而西矣。孙子谓田忌曰："彼三晋之兵素悍勇而轻齐，齐号为怯，善战者因其势而利导之。兵法，百里而趣利者蹶上将，五十里而趣利者军半至。使齐军入魏地为十万灶，明日为五万灶，又明日为三万灶。"庞涓行三日，大喜，曰："我固知齐军怯，入吾地三日，士卒亡者过半矣。"乃弃其步军，与其轻锐倍日并行逐之。孙子度其行，暮当至马陵（图4-7）。马陵道狭，而旁多阻隘，可伏兵，乃斫大树白而书之曰"庞涓死于此树之下"。于是令齐军善射者万弩，夹道而伏，期曰"暮见火举而俱发"。庞涓果夜至斫木下，见白书，乃钻火烛之。读其书未毕，齐军万弩俱发，魏军大乱相失。庞涓自知智穷兵败，乃自刭，曰："遂成竖子之名！"齐因乘胜尽破其军，虏魏太子申以归。孙膑以此名显天下，世传其兵法。（司马迁《史记·孙子吴起列传》）

图4-7 马陵之战（壁画）

二、《孙膑兵法》军事思想

孙膑不仅创造了军事史上的著名战法，为后世提供了典范，而且还著有兵书。《汉书·艺文志》中记载"齐孙子八十九篇，图四卷"，该书早已失传。1972年，《孙膑兵法》竹简在山东临沂银雀山一号汉墓出土。《孙膑兵法》中绝大部分都是孙膑本人战争实践活动的经验总结，也有一些是他的学生对老师言行的记录。

《孙膑兵法》继承、发展和创新了孙武等人的军事思想，在战争观、作战、阵法以及军队建设上都提出了若干有价值的观点和原则。

在战争观方面，孙膑主张重视战争，慎重地对待战争。他认为国家的确立和政权的巩固都是采取战争手段而达到的，"战胜而强立，故天下服矣"（《孙膑兵法·见威王》）的观点和孙武的思想是一致的，但比孙武说得更明了。但是他反对穷兵黩武，要"事备而后动"。他又指出民心军心是取得战争胜利的决定性因素，要做到"得众""取众"。

在战争认识论方面，孙膑提出将领要掌握战争的规律。孙膑认为作战时人众、粮多、武器精良等因素都不足以保证取胜，只有掌握了战争的规律，了解敌我双方情况，指挥得当，才能保证取胜。

在战略思想方面，孙膑强调"必攻不守"（即果断地攻击守无可守之敌）和"以弱胜强"。战术方面，孙膑提出"因势""造势"的思想，用兵讲究因时造势、因地制宜。而最具代表性并为历代兵家所颂扬的，当属"批亢捣虚""攻其必救"的战术，这主要体现在桂陵之战和马陵之战中。《孙膑兵法·擒庞涓》记述的是桂陵之战，《孙膑兵法·陈忌问垒》阐述的是马陵之战。这两次战役是孙膑战术思想的集中体现。《孙膑兵法》是继《孙子兵法》之后又一部伟大的兵家典籍。

第4节 诸葛亮军事谋略

一、生平及军事谋略

图 4-8 诸葛亮画像

诸葛亮（181—234年），字孔明，号卧龙，琅琊阳都（今山东临沂沂南县）人。他是汉代司隶校尉诸葛丰的后代。诸葛亮幼年时非常不幸，三岁丧母，八岁丧父，随叔父诸葛玄生活（图 4-8）。

（一）躬耕陇亩

诸葛亮后来随叔父流亡荆州，投靠荆州牧刘表。诸葛玄于建安二年（197年）去世。17岁的诸葛亮，便“躬耕于南阳”，隐居在南阳郡隆中山（今湖北襄樊西）。他志向远大，关心世事，博览群书，熟知天文地理，精通战术兵法，以等待时机。据《三国志·蜀书·诸葛亮传》记载，诸葛亮身高八尺，平常喜欢吟唱《梁父吟》，“自比于管仲、乐毅”，但当时的人不以为然，只有崔州平、徐庶等好友相信他的才华。

（二）隆中对策

建安十二年（207年），驻军在新野的刘备，在徐庶的建议下，三顾草庐，向诸葛亮求教一统天下的大计，恳请诸葛亮出山辅佐他。在会见中，诸葛亮为刘备精辟地分析了天下大势，精心谋划战略方针，提出先夺取荆、益两州作为根据地，向西与诸戎和好，向南安抚夷越，对外联合孙权，对内改革政治，以统一全国，而且答应出山辅佐刘备光复汉室，世称“隆中对”。

「经典品读 4-6」

隆 中 对

今操已拥百万之众，挟天子而令诸侯，此诚不可与争锋。孙权据有江东，已历三世，国险而民附，贤能为之用，此可以为援而不可图也。荆州北据汉、沔，利尽南海，东连吴会，西通巴、蜀，此用武之国，而其主不能守，此殆天所以资将军，将军岂有意乎？益州险塞，沃野千里，天府之土，高祖因之以成帝业。刘璋暗弱，张鲁在北，民殷国富而不知存恤，智能之士思得明君。将军既帝室之胄，信义著于四海，总揽英雄，思贤如渴，若跨有荆、益，保其岩阻，西和诸戎，南抚夷越，外结好孙权，内修政理；天下有变，则命一上将将荆州之军以向宛、洛，将军身率益州之众出于秦川，百姓孰敢不箪食壶浆以迎将军者乎？诚如是，则霸业可成，汉室可兴矣。（陈寿《三国志·蜀书·诸葛亮传》）

资源链接 4-4 央视网:《百家讲坛》三国名将·诸葛亮1卧龙出山

诸葛亮按照隆中对中先据荆州、再取益州然后谋取中原的战略方针，毛遂自荐到东吴，舌战群儒，说服孙权。诸葛亮辅佐刘备东联孙吴，北抗曹魏。建安十三年（208年），孙刘联军火烧赤壁，大败曹军，扭转了刘备被动挨打的局面。刘备趁机占据荆州，西进益州。建安十九年（214年），割据益州的刘璋投降，刘备入主益州，进而击败曹军，夺得汉中。建安二十六年（221年），刘备在成都建立了蜀汉政权，册封诸葛亮为丞相。“鼎足三分”天下的战略格局初步形成，诸葛亮隆中对的战略构想初步实现。

延伸阅读 4-6 关于《三国演义》诸葛亮借东风

《三国演义》赤壁之战中诸葛亮神坛作法借东风，是作者为塑造其神机妙算的人物形象而编撰的。小说中诸葛亮在七星坛上只是装腔作势使用法术，同时震慑江东，小说并未正面写出其以法术借来东风，只是以丰富的气象学知识预测到会有东风。正史中诸葛亮并没有参与赤壁之战，指挥赤壁之战的人是周瑜，东风是长江上的一种自然现象，长期在当地操练水军的周瑜和黄盖对什么时候起东风非常清楚，因此他们使用火攻打败了曹军。此外周瑜心胸也非常宽广，与演义描写不同。

（三）六出祁山

刘备死后，诸葛亮辅佐后主刘禅，被封为武乡侯。他先派使者出使东吴修好吴蜀关系，稳定东方。后于建兴三年（225年）春天，率军南征。五月渡过泸水（即金沙江），“深入不毛”。诸葛亮采用参军马谡的建议，实行攻心为主的策略，这年秋天南部叛乱全部平定，其间就发生了七擒孟获的故事（图4-9）。此后“国以富饶，乃治戎讲武，以俟大举。”（《三国志·蜀书·诸葛亮传》）北伐条件逐渐成熟。

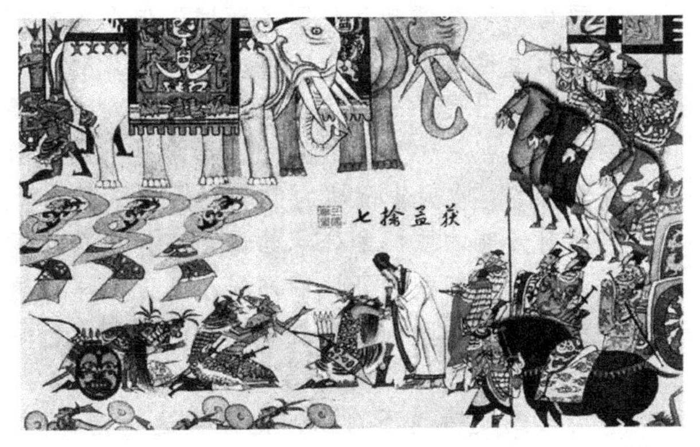

图4-9 孟获归顺

资源链接 4-5 央视网:《国宝话三国》七擒孟获

建兴六年（228年）春，诸葛亮率军北伐，运用声东击西战术，扬言要由斜谷攻取郿城（今陕西眉城县北），使赵云、邓芝据箕谷，作为疑兵以迷惑曹军，自己亲率大军攻击祁山，军队阵容整齐，赏罚肃而号令明。南安、天水、安定三个郡叛魏响应，关中大为震惊。先锋马谡率军与魏军战于街亭，马谡违背诸葛亮的嘱

图 4-10　成都武侯祠

托部署兵力，大败。诸葛亮攻陷西县千余家，率军回到汉中，斩杀马谡以谢三军，并自贬三等，降为右将军。后又先后四次出祁山，讨伐曹魏。

建兴十二年（234 年）春，率军出斜谷，占据武功五丈原（今陕西岐山南），与魏将司马懿相持于渭南。八月，病逝于五丈原军中，谥号忠武侯。故后世常尊称诸葛亮为武侯、诸葛武侯（图 4-10）。

诸葛亮在天文、奇门遁甲等方面研究很深，千百年来，成为智慧的化身，其传奇故事为世人传诵。诸葛亮一生“鞠躬尽瘁，死而后已”，是中华传统文化中忠臣的代表人物。

延伸阅读 4-7　诸葛亮“空城计”的故事

三国时期，蜀国丞相诸葛亮因错用马谡而失掉战略要地——街亭，魏将司马懿乘势引大军 15 万向诸葛亮所在的西城蜂拥而来。蜀国得知此情报后，全国上下一片恐慌。诸葛亮苦思冥想，终于想出一个万全之策。他命令城内的平民和士兵全部撤出，暂时躲避到一个安全的地方，然后大开城门，等候敌军的到来。

司马懿不久便带兵包围了西城，但令他吃惊的是，本以为会戒备森严的西城却城门大开，城墙上也看不到一个守卫的士兵，只有一个老头在城门前扫地。正在他大惑不解的时候，城楼上出现了一个人，正是他的老对手诸葛亮。只见诸葛亮不慌不忙地整理了一下自己的衣服，在一架预先放好的古琴前坐下来，随即悠扬的音乐从城楼上传下来。魏国的将士都愣住了，在大军围城的危急关头，蜀国的军师诸葛亮却弹起了琴，到底是怎么回事？

面对开着的城门和弹琴的诸葛亮，司马懿竟一时不知如何是好。他深知诸葛亮足智多谋，可他此时却敢大开城门迎候十几万大军，这太出乎他的预料了。他想，城里必定埋伏了大量兵马。这时，就听得城楼上的琴声由舒缓渐渐变得急促起来，仿佛暴风雨就要来临一般。

司马懿越听越不对劲，他怀疑这是诸葛亮发出调动军队反攻的信号，于是急忙下令他的军队撤退。就这样，蜀国的西城没用一兵一卒就得以保全。这就是诸葛亮有名的“空城计”。

经典品读 4-7

《三国演义》孔明挥泪斩马谡

忽报马谡、王平、魏延、高翔至。孔明先唤王平入帐，责之曰：“吾令汝同马谡守街亭，汝何不谏之，致使失事？”平曰：“某再三相劝，要在当道筑土城，安营守把。参军大怒不从，某因此自引五千军离山十里下寨。魏兵骤至，把山四面围合，某引兵冲杀十余次，皆不能入。次日土崩瓦解，降者无数。某孤军难立，故投魏文长求救。半途又被魏兵困在山谷之

中，某奋死杀出。比及归寨，早被魏兵占了。及投列柳城时，路逢高翔，遂分兵三路去劫魏寨，指望克复街亭。因见街亭并无伏路军，以此心疑。登高望之，只见魏延、高翔被魏兵围住，某即杀入重围，救出二将，就同参军并在一处。某恐失却阳平关，因此急来回守。非某之不谏也。丞相不信，可问各部将校。”孔明喝退，又唤马谡入帐。

谡自缚跪于帐前。孔明变色曰：“汝自幼饱读兵书，熟谙战法。吾累次丁宁告戒：街亭是吾根本。汝以全家之命，领此重任。汝若早听王平之言，岂有此祸？今败军折将，失地陷城，皆汝之过也！若不明正军律，何以服众？汝今犯法，休得怨吾。汝死之后，汝之家小，吾按月给与禄粮，汝不必挂心。”叱左右推出斩之。谡泣曰：“丞相视某如子，某以丞相为父。某之死罪，实已难逃；愿丞相思舜帝殛鲧用禹之义，某虽死亦无恨于九泉！”言讫大哭。孔明挥泪曰：“吾与汝义同兄弟，汝之子即吾之子也，不必多嘱。”左右推出马谡于辕门之外，将斩。参军蒋琬自成都至，见武士欲斩马谡，大惊，高叫：“留人！”入见孔明曰：“昔楚杀得臣而文公喜。今天下未定，而戮智谋之臣，岂不可惜乎？”孔明流涕而答曰：“昔孙武所以能制胜于天下者，用法明也。今四方分争，兵戈方始，若复废法，何以讨贼耶？合当斩之。”须臾，武士献马谡首级于阶下。孔明大哭不已。

二、军事思想

诸葛亮是著名的军事家、战略家，在三国时期，他的军事谋略、军事思想以及军事指挥才能是首屈一指的。他娴熟韬略，多谋善断，一生写了多种兵书，但多已失传。他研究前人的军事思想和理论，并结合自己长期的战争实践，总结形成了自己的军事思想，《便宜十六计》是他军事思想的总结。

诸葛亮认为军队是“所以存国家安社稷”的大计，因此国家要把“治军”放在一个非常重要的位置上。他强调“用兵不可妄动”“用兵之道，先定其谋，然后乃施其事”，用兵之前，一定要有充分的准备和计划。如果“将无思虑，士无气势……虽有百万之众，而敌不惧矣”。这是继承了古代兵家的慎战思想。

诸葛亮提出“应权通变，弘思远益”的长远战略，能够在东汉末年群雄四起、复杂多变的形势中权衡各种政治、军事势力未来发展趋势，用宏博的思维和眼光，为刘备集团从立足、发展到三分天下做出了有益于长远的战略规划。

诸葛亮提出“据道讨淫，不在众寡”的观点，认为坚持正义及确信正义的一方不论兵力多少，最终是不可战胜的。此外，他重视攻心为上的原则，以及强调教令为先、严格训练、“以文为先，以武为后”、善用赏罚等治军思想。

此外，诸葛亮长于巧思，还是著名的发明家。他重视革新军械、装备，发明制造了能连续发射十只箭的连弩，适应山区运输军粮的木牛流马等，大大提高了蜀军的战斗力。

小　结

姜尚、孙武、孙膑、诸葛亮等在不同的时代于战场之上运筹帷幄，他们的辉煌战绩、战略战术在中国历史上留下了灼灼之光。毋庸置疑，在现代社会，兵家文化依然具有巨大的价值，能够在企业管理、商业竞争等方面起到指导作用。

练习与思考

一、填空题

1. 姜尚主张________，就是施行德政敛聚人心，在此基础上发动战争必强必胜。

2.《孙子兵法》共________篇。

3. 东汉末年________最早为《孙子兵法》作注。

4. 孙膑曾与庞涓为同窗，师从著名的兵学家________学习兵法。

5. 在桂陵之战中，齐国以田忌为主将，孙膑为军师，领兵救赵。用“________”的战法，打了一场漂亮的截击战，大败庞涓的魏军。

6. 孙膑在战术方面，最具代表性，并为历代兵家所颂扬的，当属“________”、“________”的战术，这主要体现在桂陵之战和马陵之战中。

7. 建安十二年（207 年），驻军在新野的刘备，在徐庶的建议下，三顾草庐，向诸葛亮求教一统天下的大计，后人把诸葛亮向刘备提出的战略构想，称为“________”。

8. 诸葛亮长于巧思，还是著名的发明家，他重视革新军械、装甲，发明制造了能连续发射十只箭的________。

二、思考题

1. 据《史记·齐太公世家》记载，姜太公年轻时曾生活得十分贫困，曾做过屠牛、贩卖等低级劳作。直到老年时，方被周文王起用。对此你有何感触呢？

2. 微信高级副总裁张小龙每个礼拜都会特意搜索用户对微信的反馈信息，对于有价值的新闻和博文，都会仔细阅读；同时其在微信上针对用户提出的疑问和批评，大多情况下也会亲自回复，所以微信在对用户了解和服务提供方面，打下了坚实的基础。

你知道他关注用户、了解客户的缘由何在吗？兵家策略在现代社会中还有哪些具体应用，你能举例说明吗？

3. “天行健，君子以自强不息”，齐国兵家分析历史与现实，在实践基础上，写出了一部又一部兵家经典。西汉史学家司马迁说：“仲尼厄而作《春秋》；屈原放逐，乃赋《离骚》；左丘失明，厥有《国语》；孙子膑脚，《兵法》修列。”你从孙膑以及历史上的这些名人身上学到了哪些可贵的精神品质？请谈谈你的体会。

4. 诸葛亮一生“鞠躬尽瘁，死而后已”，他足智多谋，运筹帷幄，神机妙算，舌战群儒，七擒孟获，被人们称为智圣。他青少年时代“躬耕南阳”时就树立了远大的志向，并关心世事，博览群书，以等待时机。为了实现自己的理想，我们现在应该做哪些准备呢？

实践活动

读名著《三国演义》

【活动目标】

（一）了解三国故事和英雄人物。

（二）培养利用现代信息技术，多渠道搜集、整理材料的能力。

（三）在活动实施中培养团结协作精神，在成果分享中提高表达能力。

【活动方法】

（一）任务驱动法

教师指导学生设计活动任务书，细化任务，多给抓手，最大限度地激发学生参与活动的积极性和主动性。

（二）小组合作法

以小组为单位展开活动，鼓励学生合作探究，协作学习。

【活动流程】

（一）活动准备

1. 设计活动方案 师生根据活动目标，围绕活动主题，共同设计出切实可行的活动方案。

2. 合理分组，明确任务 将学生分成三个小组，分别代表魏、蜀、吴三国，提前一周品读《三国演义》，每个小组根据活动方案制订本组的活动计划，写出具体的活动任务书。

（二）活动实施

1. 登录平台，查询资料。每位学生登入班级交流平台，查询活动要求，明确活动规则及评价标准，以保证活动扎实有效地开展。

2. 分组搜集整理资料。三个小组根据自己的任务书，首先课下每个学生搜集本国中自己心目中的英雄人物，并把他们的名字、官职、故事、性格、爱好以及使用的兵器，自己对他敬佩的原因写成读书笔记；然后在小组交流，最后总结出本国成败的原因，并推举出参加全班比赛的代表。

3. 准备活动展示资料。各小组分工合作，撰写活动报告，准备口头介绍，制作幻灯片。

整个活动过程教师要参与其中并及时提供指导。

（三）成果展示

1. 明确本次活动的评分标准和评价方式。

2. 成果分享

（1）各小组代表结合幻灯片，展示解说本组的活动报告。其他小组质疑提问，班内互动交流，按照标准进行评价。

（2）重点展示小组的活动成果——赞本国的英雄。每组发言时间为 6 分钟。

（3）每组派一名学生陈述本国成败的原因。每组发言时间为 3 分钟。

3. 活动总结

全体学生相互交流，教师从活动过程到活动成果两方面对各组的表现进行点评与总结。

第5章 科技文化

科技的日益发达为人们的生活带来诸多便利。古代的齐鲁大地人才辈出，他们在制造业、农业、医学、数学、物理、天文历法等方面做出了巨大的贡献，他们的故事代代相传，他们的名字将永远被铭记在中国科技发展的光辉历史中。

第1节 巧圣鲁班

一、鲁班生平

图 5-1 鲁班

在我国古代，能工巧匠们用自己无限的智慧和勤劳的双手进行各种发明创造，为人们的生活带来更多的便利。今天，让我们一起认识一位发明天才——鲁班。他被后人尊称为土木工匠的“祖师爷”。

鲁班（图 5-1）（约公元前 507—公元前 444 年），公输氏，名般。因其为春秋时期鲁国（今山东曲阜）人，“般”与“班”同音，因此又被称为鲁班。鲁班出身于世代工匠的家庭，他一生发明了许多东西，为后人留下了宝贵的科技财富，又被后人尊称为“巧圣”。

二、主要的发明创造

鲁班出生在工匠世家，从小跟着家里人参加过许多土木工程，加上天资聪颖，勤奋好学，有过各种发明创造。鲁班作为一位精巧的土木工匠和发明创造家，在古代科学领域做出了不朽的贡献。

鲁班发明创造了许多木工工具。《物原》《古史考》等古籍记载，木工使用的不少工具器械都是鲁班发明的，如钻、刨子、铲子、曲尺、画线用的墨斗。每一件工具的发明，都是鲁班在生产实践中得到启发，经过反复研究、试验而得出的新创造。这些木工工具的发明使当时工匠们从原始繁重的劳动中解放出来，劳动效率成倍提高，土木工艺出现了崭新的面貌。后来人们为了纪念这位名师巨匠，把他尊为中国土木工匠的“师祖”。

延伸阅读 5-1　　鲁班造锯的传说

一天，鲁班到一座高山上去寻找木料，山路崎岖，他突然脚下一滑，险些跌倒，他急忙伸手抓住路旁的一丛茅草，手竟被茅草划破了，渗出血来。“怎么这不起眼的茅草这么锋利呢？”他忘记了伤口的疼痛，扯起一把茅草细细端详，发现小草叶子边缘长着许多锋利的小齿。他用这些密密的小齿在手背上轻轻一划，居然割开了一道口子。

正思考时，他又发现身边有一只螳螂在啃树叶，螳螂啃过的地方也留下许多小齿，他赶忙掰开螳螂的口发现螳螂的牙也是锯齿形的。他想：要是我也用带有许多小锯齿的工具来锯树木，是不是也可以很快地把木头锯开呢？如果那样的话岂不是更加省力？于是，鲁班请铁匠师傅打制了几十根边缘上带有锋利的小齿的铁片，并拿到山上去做实验。果然，很快就把树木锯断了。

鲁班不断地对其进行加工改良，并为这种新发明的工具起了一个名字，叫做“锯”（图5-2）。

图5-2 鲁班造锯

鲁班还是石匠的“祖师”。《列子·知人篇》里记载，鲁班想在石头上雕刻一只凤凰，还没完工时，有人讥笑他，鲁班并没有因此放弃，而是更加认真努力，终于雕刻出了神态逼真、栩栩如生的凤凰，好像凤凰身上的羽毛都在飘动。那些讥笑他的人也十分佩服鲁班的高超技艺和精益求精的执着精神。《世本》记载，鲁班还发明了石磨。为了去掉谷物壳皮，人们最早采用石块把谷物碾碎或压碎，后来又有了石臼，用杵捣碎食物，但这些工具都很笨重，使用起来费时费力，鲁班为了找到一个用力小收效大的方法，做了很多尝试，最后发现将谷物放在两块粗糙的石头中间来回碾动，可以节省很多时间和力气。他进一步研究改良，把石头凿成圆形，合在一起，各在相合的一面凿上密布的浅槽，在两块石头中间装上轴，使上面的石头能贴着下面的石头转动，这就是我国农村一直所使用的石磨。同时，人们可以用牲口代替人拉磨，节省更多的人力和时间去做其他的事情。石磨的发明，既降低了劳动强度，又大大提高了劳动效率。

鲁班还发明了锁等生活用品。古人看守门户，将锁做成鱼的样式，挂在门上，因鱼目日夜睁着，以示专心看守，这实际上起不到太大的作用，鲁班在锁里装有机关，外面却不漏痕迹，必须借助特制的钥匙才能打开，这样锁才真正发挥了作用。鲁班是一位能工巧匠，他造的很多物品为当时人们的生活提供了便利。

延伸阅读5-2

鲁班造伞的传说

在春秋时期，没有雨伞，人们在天气炎热或下雨的天气出门很不方便。鲁班想，要是能做个东西既能遮阳又能挡雨就好了，于是他和几个木匠开始在路边造亭子，每隔一段路就造一个。下雨时，人们在亭子里躲一躲，太阳晒，就在亭子里歇一歇，这就给过路的人们带来了许多方便。

人们都很感谢鲁班，可他自己却不满意，他想如果雨下个不停，人不能总待在亭子里不走啊，能不能把亭子做的很小让大家带在身上？为此鲁班废寝忘食，冥思苦想，总没有好的办法。有一天，他突然看见一群小孩扑通扑通地跳到荷花塘里玩水，过了一会儿，只见每个孩子都摘了张荷叶，顶在小脑袋上，鲁班好奇地问："你们都顶着荷叶干什么呀？"孩子们七嘴八舌地说了起来："鲁班师傅，您瞧，太阳像个大火炉，我们将荷叶顶在头上就不怕晒了。"鲁班也摘下荷叶，仔细瞧了瞧，荷叶圆圆的，上面有一丝丝叶脉，朝头上一戴，真是又轻巧又凉快，鲁班的心里一下子亮堂起来。他赶紧跑回家，找了一根竹子，把竹子劈成一根根细条，照着荷叶的形状，扎了个架子，又找了块羊皮，把它剪成圆的，扎在竹架子上，这个东西既能挡雨又能遮太阳，而且非常轻巧，鲁班高兴地大叫起来。

这时，鲁班的妻子听见他在院子里大呼小叫，问他发生了什么，他赶紧把手里的东西递给妻子说："你试试这东西，以后大家出门带上它就不怕雨淋日晒了！"鲁班的妻子拿过来试了试，说道："好是好，不过等雨停了，人们再拿着这个东西走路就不方便了。"鲁班一听，觉得很有道理，于是他和妻子一起动手，把这个东西改成可以活动的，用的时候就打开，不用的时候就收拢，这就是我们今天常用的"雨伞"。

鲁班还是一位机械发明家。《墨子·鲁问篇》记载，鲁班到了晚年，已是远近闻名的发明家了，楚王准备攻打宋国，楚惠王便把鲁班请去，以帮助楚国改进武器装备。鲁班曾为楚国创造了许多军事器械，其中有水战用的"钩拒"，在战争中发挥了巨大作用。有攻城用的"云梯"，因为它高过城墙，像是直入云霄，故此得名。这项发明今天被广泛应用于消防，用于拯救人们的生命。

还有一件发明叫作连珠箭，里面装有几百只箭，射的时候像机枪一样打出去。除此以外，他还发明撞车和抛石机，撞车上面承载粗壮圆木，用于攻开城门。抛石机主要运用杠杆原理和抛物线原理。后来，鲁班的这些发明被广泛传播到欧洲。

虽然鲁班的这些用于军事的发明，遭到了主张"非攻"的墨子的强烈反对，在墨子的不断劝说下，楚国放弃了攻打宋国的计划，鲁班也不再发明这类战争工具了，但鲁班的不断创新的进取精神和执着的钻研精神依然令后人敬佩。

资源链接 5-1 央视网视频：《百家讲坛》班墨传奇(一)

三、历史地位和时代意义

(一) 历史地位

鲁班作为土木建筑鼻祖，两千多年以来，他的名字和有关他的故事，一直在民间广为流传。时至今日，人们还将一些出色的能工巧匠称为"活鲁班"。后人为了纪念这位伟大的发明家，表达对他的爱戴和敬仰，在今天的山东滕州龙泉广场——鲁班的故乡专门设立了鲁班纪念馆。其占地15.2亩，计划建设面积8600平方米。鲁班纪念馆主体建筑以"继承与发展"为设计理念，其建设突出"百工圣祖"的特点，馆内设有圣祖堂、公祭大厅、木工器械馆、石器馆、兵器馆等。

滕州市鲁班纪念馆是目前全国建筑面积最大、功能最全的鲁班纪念场馆，并开放参观，充分发挥了“科技发明展示中心、寻根感恩祭拜中心、爱国主义教育中心、旅游休闲体验中心、鲁班文化传承中心”的功能（图 5-3）。

图 5-3 山东滕州鲁班纪念馆

延伸阅读 5-3 鲁班奖

现今，土木工程界的最高荣誉被命名为“鲁班奖”。建筑工程鲁班奖是 1987 年由中国建筑业联合会设立的。该奖是行业性荣誉奖，属于民间性质。1996 年 7 月，根据建设部的决定，将 1981 年政府设立并组织实施的国家优质工程奖与建筑工程鲁班奖合并，奖名定为中国建筑工程鲁班奖（国家优质工程）。

中国建筑业协会每年召开颁奖大会，向荣获鲁班奖的主要承建单位授予鲁班金像、奖牌和获奖证书，向荣获鲁班奖的主要参建单位颁发奖牌、获奖证书，并对获奖企业进行表彰。

延伸阅读 5-4 班门弄斧

现代成语“班门弄斧”是与鲁班有关的一个成语。它的意思是：在鲁班门前舞弄斧子。比喻在行家面前卖弄本领，不自量力。这一成语有时也用作自谦之词，表示不敢在行家面前卖弄自己的小本领。

（二）工匠精神

2016 年曲阜鲁班文化节暨工圣鲁班诞辰 2523 周年祭典，在鲁班故里曲阜举行，并以“弘扬工匠精神，传承鲁班文化，游学东方圣城，服务创新发展”为宗旨。

鲁班是一个刻苦钻研技术，有创新精神的实干家兼发明家，被世人誉为“工圣”“巧匠”“匠圣”和“工匠祖师”。他集匠心、师道、圣德于一身。他十分善于观察，懂得运用仿生原理进行发明创造，这是中华民族创造精神和实践能力的综合体现。鲁班对待自己的发明创造精雕细琢、精益求精，这正是“工匠精神”的体现。

鲁班精神是中华民族勤劳、智慧的象征，其本质是一种科学精神，其核心内容包括尊重科学的态度、敢于创新的勇气、自我反省的魄力和乐于奉献的胸怀。在我们为中国梦而奋斗的今天，更需要这种勇往直前、不断创新的精神。学习鲁班精神有助于提高整个中华民族的科学精神，形成尊重科学、勇于创新 、乐于奉献的社会风气，通过增强科技实力来提高我国的综合竞争力，最终实现中华民族伟大复兴。

资源链接 5-2 央视网视频：《大国工匠》

第2节 神医扁鹊

一、扁鹊生平

图 5-4 扁鹊

春秋战国时期是中医学的奠基时期，中医学的理论体系在这一时期逐步确立。扁鹊正是这一时期的医学大师。

扁鹊，生卒年代不详，姓秦，名越人，齐国渤海卢（今山东长清）人。因他医术高明，医德高尚，为表示对他的崇敬和爱戴，时人便以传说中黄帝时期的名医——扁鹊的名字来称呼他。扁鹊是我国中医理论的奠基者，他的一生留下了许多传奇的故事。司马迁在《史记》中专门为他作传，他是我国第一位进入正史的著名医生（图 5-4）。

延伸阅读 5-5 扁鹊的名字

翻开《史记》会发现扁鹊有三个名字：一为扁鹊。按照古书的传说，扁鹊是上古黄帝时期的一位医生，他所到之处热心给人治病，解除了人们的痛苦，走到哪里就把快乐和安康带到哪里，人们非常尊敬这位医生，就把他比作一只会给人带来喜讯的喜鹊。后来，人们常把医术高超、医德高尚的医生叫作扁鹊。在山东出土的汉代石刻中，曾有扁鹊的形象，他人首人面，头戴冠帻、鸟身禽立、拖着一束长尾。人们将扁鹊刻画成人首鸟身的模样，说明扁鹊在人们心目中是一位神人。二为秦越人。《史记·扁鹊仓公列传》说："扁鹊者，渤海郡郑人也，姓秦氏，名越人。"三为卢医。《史记·正义》说："扁鹊家于卢国。"（卢国即现在的山东长清一带）故称卢医。

秦越人，史学家认为是确有其人，他就是《史记》上说的，渤海郡郑地的一位医生，卢医则是指他出生的地方在卢国。可以说，秦越人就是扁鹊，他医术高超，学识渊博，走南闯北，到处治病救人，受到人们的尊敬，所以当时的人们借用了黄帝时神医"扁鹊"的名号来称呼他。

扁鹊年轻时曾做一家客店的掌管。有个叫长桑君的客人经常来店里住宿，扁鹊认为他是一个奇人，时常恭敬地招待他。平时一有机会扁鹊就向他请教医学方面的知识。扁鹊虚心好学，刻苦钻研医术，与长桑君相处的十多年时间里，他学到了许多医药方面的知识和技术。除此之外，他还广泛阅读前人的医学著作，增长了不少医学知识。长桑君知道扁鹊聪慧好学，对待问题往往见解独到，认定他不是普通人。一天，他叫扁鹊和自己坐在一起，悄悄和扁鹊说："我有秘藏的医方，我年老了，想传给你，你不要泄漏出去。"扁鹊说："遵命。"后来扁鹊经过长时间的努力，终于掌握了长桑君传授的医学知识和技能，他还虚心向民间百姓学习，不断总结劳动人民的医疗经验，使得医术更加成熟。

学成之后，扁鹊云游各地，广泛行医，齐、赵、虢、周、郑、秦等国都曾留下他的足迹。他一生走南闯北，凭借丰富的医疗经验，为君侯看病，为百姓除疾，解除人们的痛苦，名扬天下。

资源链接 5-3 央视网视频：《百家讲坛》千古中医故事（四）扁鹊之谜

扁鹊医术全面，无所不通。除普通内、外科外，还兼长妇科、五官科、小儿医科等，他入乡随俗，能根据当地人们的需要行医治病。在邯郸听说当地尊重妇女，便做妇科医生。在洛阳，因为周国人很尊重老人，他就做了专治老年病的医生。到了咸阳，见秦国人最重视儿童，他就在那里做了儿科大夫。他善于综合运用汤剂、砭石、针灸、按摩、熨贴、酒醪、手术等方法，杂合参用，因“病”制宜。

经典品读 5-1

扁鹊名闻天下。过邯郸，闻贵妇人，即为带下医；过雒阳，闻周人爱老人，即为耳目痹医；来入咸阳，闻秦人爱小儿，即为小儿医：随俗为变。（《史记·扁鹊仓公列传》）

资源链接 5-4 央视网视频：《百家讲坛》千古中医故事（三）诊病圣手

二、扁鹊的医学成就

扁鹊是我国中医学的开山鼻祖，他用自己一生的实践首创中医诊断方法，奠定了中医临床诊断和治疗方法的基础。扁鹊精于内、外、妇、儿、五官等科，应用砭刺、针灸、按摩、汤剂等法治疗疾病，被尊为“医祖”。

（一）中医四诊法

中国古代医学家早就发现人体血脉的跳动和心脏是同步的，脉诊也在长期实践的基础上逐渐走向科学。扁鹊在总结前人医疗经验的基础上创造出“四诊法”，并形成了比较完整的中医诊断体系，扁鹊堪称切脉第一人。

扁鹊在诊视疾病中，已经应用了中医全面的诊断技术，即望诊（观察病人的气色）、闻诊（细听病人的声音）、问诊（询问病人的情况）和切诊（摸摸病人的脉搏）。当时扁鹊称它们为望色、听声、写影、切脉。在四诊法中，扁鹊尤其擅长望诊和切诊（图 5-5）。

图 5-5 扁鹊诊脉

有一次，扁鹊来到了蔡国，蔡桓公知道他声望很大，便宴请扁鹊，他见到蔡桓公以后说：“君王有病，就在肌肤之间，不治会加重的。”蔡桓公不相信，还很不高兴。十天后，扁鹊再去见他，说道：“大王的病已到了血脉，不治会加深的。”蔡桓公仍不信，而且更加不悦了。又过了十天，扁鹊又见到蔡桓公时说：“病已到肠胃，不治会更重。”蔡桓公十分生气，他并不喜欢别人说他有病。十天又过去了，这次，扁鹊一见到蔡桓公，就赶快避开了，蔡桓公十分纳闷，就派人去问，扁鹊说：“病在肌肤之间时，可用熨药治愈；在血脉，可用针刺、砭石的方法达到治疗效果；在肠胃里时，借助酒的力量也能达到；可病到了骨髓，就无法治疗了，现在大王的病已在骨髓，我无能为力了。”果然，几天后，蔡桓公患重病，忙派人去找扁鹊，而他已经走了。不久，蔡桓公就病死了。

「经典品读 5-2」

扁鹊见蔡桓公，立有间，扁鹊曰：“君有疾在腠理，不治将恐深。”桓侯曰：“寡人无疾。”扁鹊出，桓侯曰：“医之好治不病以为功。”居十日，扁鹊复见曰：“君之病在肌肤，不治将益深。”桓侯又不应。扁鹊出，桓侯又不悦。居十日，扁鹊复见曰：“君之病在肠胃，不治将益深。”桓侯又不应。扁鹊出，桓侯又不悦。居十日，扁鹊望桓侯而还走。桓侯故使人问之，扁鹊曰：“疾在腠理，汤熨之所及也；在肌肤，针石之所及也；在肠胃，火齐之所及也；在骨髓，司命之所属，无奈何也。今在骨髓，臣是以无请也。”

居五日，桓侯体痛，使人索扁鹊，已逃秦矣，桓侯遂死。（《韩非子·喻老》）

一次，扁鹊带着几个学生路过虢国，听说他们的太子死了。扁鹊走到宫门前询问详细情况，中庶子说：“太子病血气不时，交错而不得泄，暴发于外，则为中害。精神不能止邪气，邪气畜积而不得泄，是以阳缓而阴急，故暴蹶而死。”根据多年从医经验扁鹊认为太子患的只是一种突然昏倒不省人事的“尸厥”症（即休克），继续询问，得知太子死了只有半日，还没有下葬。于是急忙让人向宫里通报说：“齐国秦越人到此。”

虢君听说有名医到此，急忙出宫迎接扁鹊，扁鹊入宫后给太子诊脉，发现其还有微弱的脉搏跳动和缓慢的呼吸，并且大腿根还略有余温，只是人看上去像死去一样。他让弟子磨研针石，刺百会穴，不一会儿太子果然醒来；又令徒弟配了两副熨药，在其腋下摩擦熨烫，太子竟然坐了起来，和常人无异。继续调补阴阳，二十多天以后，太子完全恢复了健康。从此，天下人传言扁鹊能“起死回生”，但扁鹊却说，他并不能救活死人，只不过能把人的病治愈罢了。

（二）医学论著

扁鹊在医学上的杰出贡献，还体现在他的医学著作上。据《史记·扁鹊仓公列传》记载，扁鹊曾留下《脉书》一书，魏晋间山东高平人王叔和的脉学专著《脉经》也是在吸收自扁鹊以来的古代名医的脉学理论学说的基础上，加以总结发展而完成的。这充分说明扁鹊及其医学理论在我国中医发展史上具有开创之功。

扁鹊《难经》一书从理论上对《内经》作了进一步的完善和发展。特别是脉诊“独取寸口”之创造性立说，至今仍为中医临床沿用。扁鹊关于脉有阴阳说和浮脉、沉脉、损脉的论述，两千多年来一直指导着中医的临床实践，正如司马迁说：“至今天下言脉者，由扁鹊也。”扁鹊在脉学上的贡献是十分巨大的。

另外，《汉书·艺文志》记载，扁鹊还著有《扁鹊内经》9卷和《扁鹊外经》12卷，可惜的是，他的这些著作都已亡佚，令人痛惜。

（三）预防思想及“六不治”原则

扁鹊除了医治疾病，他还十分重视对疾病的预防。扁鹊认为防病重于治病，一旦有病则要早发现早治疗。他说：“使圣人预知微，能使良医得早从事，则疾可已，身可活也。”从蔡桓公这个案例来看，他之所以多次劝说及早治疗，就有防病于未然的思想。他认为对疾病只要预先采取措施，把疾病消灭在初起阶段，是完全可以治好的。这对于现今社会人们的生活也是很大的提醒，防患于未然，才能拥有更加健康的生命。

扁鹊在医疗实践中还提出“六不治”的原则：骄恣不论于理，一不治也；轻身重财，二不治也；衣食不能适，三不治也；阴阳并，藏气不定，四不治也；形羸不能服药，五不治也；信巫不信医，六不治也。

三、历史地位和时代意义

（一）历史地位

史书记载，公元前307年，扁鹊去秦国给秦武王治病，引起秦国太医令李醯的不满，他在秦武王面前进谗言陷害扁鹊，并在扁鹊离开的途中将其杀害。

扁鹊虽然被杀害了，但其在医学上做出的贡献是永远抹杀不掉的。扁鹊不仅是中医理论体系的奠基人，还是一位伟大的医学实践者，他行医的踪迹遍布中国大江南北。他力主医学从巫术中解放出来，并广收学徒，创办民间医学，名闻天下。扁鹊不仅医术高超，且随俗为变，所到之处都会留下他治病救人的故事，深受人们的敬仰和爱戴。在他行医经过的地方，历代人们为他修陵墓、建碑石、筑庙宇、朝香火，现在所发现的扁鹊墓就有十多处。

中医学作为我国传统文化的一部分，早在春秋战国时期其理论已基本形成。其中，“四诊法”是扁鹊在总结前人经验的基础上，不断通过自身实践而得来的医学理论，“望、闻、问、切”已成为中医学理论的精髓，经过两千多年的发展一直为中医所沿用。扁鹊也成为中医学理论的奠基人，被尊称为“医圣”。

（二）时代意义

随着现代社会的不断进步，人们生活水平的不断提高，饮食的健康营养越来越受到人们的重视，这也是扁鹊“疾病预防”思想对现代人们生活的影响，各类健康养生节目不断播出，极大地改变了人们的生活习惯和养生观念（图5-6、图5-7）。

图 5-6 膳食均衡

图 5-7 户外运动

第3节 科圣墨子和农圣贾思勰

一、科 圣 墨 子

（一）墨子与《墨子》

墨子，本名墨翟(约公元前468—公元前376年)，春秋时期郑国(今山东滕州)人，是先秦时期著名的思想家、教育家、科学家、军事家和社会活动家。

墨子创立了墨家学说，墨家在先秦时期影响很大，与儒家并称“显学”。在当时的百家争鸣中，有“非儒即墨”之称。墨子提出了“兼爱”“非攻”“尚贤”“尚同”“天志”“明鬼”“非命”“非乐”“节葬”“节用”等观点。其学说以兼爱为核心，以节用、尚贤为支点。墨子的哲学建树，以认识论和逻辑学最为突出，建立了第一个中国古代逻辑学的体系，与古代希腊的逻辑学、古代印度的因明学并立(图5-8)。

《墨子》是墨子的弟子及其再传弟子对墨子言行的记录。现存《墨子》53篇，记载了墨子及其后学的言行。《墨子》内容广博，包括了政治、军事、哲学、伦理、逻辑、科技等方面，是研究墨子及其后学思想的重要史料(图5-9)。

图 5-8 墨子

图 5-9 《墨子》

《墨子》分两大部分：一部分是记载墨子言行，阐述墨子思想，主要反映了前期墨家的思想；另一部分《经上》《经下》《经说上》《经说下》《大取》《小取》等6篇，一般称作墨辩或墨经，着重阐述墨家的认识论和逻辑思想，还包含许多自然科学的内容，反映了后期墨家的思想。墨子创立了以几何学、物理学、光学为突出成就的一整套科学理论，被后世尊称为“科圣”。

（二）墨子的科学成就

1. 提出宇宙论

墨子认为，宇宙是一个连续的整体，时间和空间也是连续不间断的。在此基础上，墨子建立了自己的运动论。他对于物质的本原和属性问题，也有所论述。

2. 数学论述

墨子是中国历史上第一个从理性高度对待数学问题的科学家，他给出了一系列数学概念的命题和定义，这些命题和定义都具有高度的抽象性和严密性。墨子所给出的数学概念主要有：关于“倍”“平”“同长”“中”“圆”“正方形”等的定义。他关于三点共线为直线的定义，在后世测量物体的高度和距离方面得到广泛的应用。此外，墨子还对位值制概念进行了总结和阐述。

3. 物理学研究

墨子关于物理学的研究涉及力学、光学、声学等分支，给出了不少物理学概念的定义，有不少重大的发现，总结出了一些重要的物理学定理。墨子给出了“力”“动”与“止”的定义。他认为“动”是由于力推送的缘故，更为重要的是，他提出物体运动的停止来自于阻力阻抗的作用，如果没有阻力的话，物体会永远运动下去。这样的观点，被认为是牛顿惯性定律的先驱，比同时代其他地区的思想超出了1000多年，也是物理学诞生和发展的标志。此外，墨子还对杠杆、斜面、重心、滚动摩擦等力学问题进行了一系列的研究。

在光学史上，墨子是第一个进行光学实验，并对几何光学进行系统研究的科学家。墨子探讨了光与影的关系，他还进行了小孔成像的实验。墨子明确指出，光是直线传播的，物体通过小孔所形成的像是倒像。这是因为光线经过物体再穿过小孔时，由于光的直线传播，物体上方成像于下，物体下部成像于上，故所成的像为倒像。他还探讨了影像的大小与物体的斜正、光源的远近的关系。特别可贵的是，墨子对平面镜、凹面镜、凸面镜等进行了相当系统的研究，得出了几何光学的一系列基本原理。墨子还对声音的传播进行过研究。

4. 机械制造方面

墨子精通手工技艺，在阻止楚攻宋时与公输般进行的攻防演练中，已充分地体现了他在这方面的才能和造诣。他曾花费了3年时间，精心研制出一种能够飞行的木鸟（风筝、纸鸢），成为我国古代风筝的创始人。他又是一个制造车辆的能手，可以在不到一日的时间内造出载重30石的车子。他所造的车子运行迅速又省力，且经久耐用，为当时的人们所赞赏。

值得指出的是，墨子几乎谙熟了当时各种兵器、机械和工程建筑的制造技

图 5-10 投石攻城器械复原图

术，并有不少创造。在《墨子》一书中的“备城门”“备水”“备穴”“备蛾”“迎敌祠”“杂守”等篇中，他详细地介绍和阐述了城门的悬门结构，城门和城内外各种防御设施的构造，弩、桔槔和各种攻守器械的制造工艺，以及水道和地道的构筑技术。他所论及的这些器械和设施，对后世的军事活动有着很大的影响（图 5-10）。

延伸阅读 5-6 墨子救宋

墨子生活在公元前 5 世纪左右，那时中国还是一个由许多诸侯国组成的国家。其中楚国是一个大国，宋国是一个小国。

当时，一个著名的工匠公输般，为楚国制造了一种称为云梯的新式兵器，这种武器又高又大，用于攻打敌国的墙门，在当时可以说是战略性武器。云梯造成后，楚国就准备攻打宋国了，以便检验这种新式武器的效用。

墨子听到这个消息后，走了十天十夜，赶到楚国国都，拜见了公输般，希望能够阻止这场战争。墨子见到公输般后说：“北方有一个人欺侮我，我希望借你的力量杀死他。”公输般不知是计，听了很不高兴，也没有任何表示。墨子接着说：“我可以给你很多钱，作为你杀人的报酬。”公输般回答说：“我讲道义，不会因为报酬去杀人。”墨子说：“楚国是大国，人口不多而土地辽阔，可是它却准备攻打弱小的宋国，这是非正义战争，你口头上说不杀人，可是一旦发生战争，有多少无辜的平民会因为你的新式武器而死去，这和你亲手杀人有什么区别呢？”

公输般被问得哑口无言，推诿说攻打宋国的计划是楚王的决定，于是墨子和公输般去见楚王。见了楚王，墨子并没有先说战争。他对楚王说：“我想请教大王一个问题。”楚王问他是什么问题。

墨子说：“现在有人放着自己漂亮的车子不要，却想偷邻居的破车，舍弃自己的漂亮华贵衣服不要，却想偷邻居的旧衣服，这是怎样一种人啊？”楚王不知是计，马上说：“这人有偷窃的毛病。”墨子抓住时机，马上说：“楚国有广阔的土地，而宋国只是一个小小的国家，这就如同一辆漂亮的车与一辆破车的对比；楚国物产丰富，而宋国物产贫乏，这如同漂亮衣服和旧衣服的对比，所以我认为楚国攻打宋国，跟那个犯了偷窃病的人正是一类人。”

楚王一下子不知如何回答才好，蛮横地说：“你说得好，但是公输般已经为我造好了云梯，我是一定要攻打宋国的。”墨子不慌不忙地说：“云梯并没有想象的那样厉害，不信我可以与公输般模拟作战。”楚王于是为他们准备了道具，包括城墙，守城的器械，云梯及其它攻城的兵器。公输般模拟攻打宋国的城墙，结果任由他多次改变攻城的战术，都被墨子抵挡住了，公输般攻城的器械用完了，墨子守城的方法还有余。

公输般不甘心失败，对墨子说：“我知道怎么来对付你，我不说。”墨子也说：“我也知道如何对付你，我也不说。”楚王问墨子其中的原因，墨子说：“公输般的意图，不过是杀了我。他以为杀了我，宋国就没有办法来抵御楚国的攻打了。可是，我已经把我的方法教给了我的徒弟，即使杀了我，也不能攻入宋国的城门。”

楚王见大势已去，迫不得已地说：“我决定不攻打宋国了。”这样，墨子凭自己的机智和勇敢解除了宋国的一场灾难（图 5-11）。

图 5-11 墨子救宋

经典品读 5-3

1. 志不强者智不达，言不信者行不果。（《墨子·修身》）
2. 仁人之所以为事者，必兴天下之利，除天下之害。（《墨子·兼爱中》）
3. 吏不治则乱，农事缓则贫。（《墨子·非儒下》）
4. 俭节则昌，淫佚则亡。（《墨子·辞过》）

墨子是位思想巨子，因为他自立门户，创立了墨家学说；他也是位大爱无言的圣贤，因为他是整个中国两千年文明历史上，第一位站在最底层劳动者和社会弱者的立场上说话的人；他在中国历史上不可或缺，因为他与众多的圣贤一道，展开思想的砥砺和交锋，共同创造出了百家争鸣的局面；他还是位科学家，是中国历史上第一位在力的作用、杠杆原理、光线直射、光影关系、小孔成像、点线面体圆概念等众多领域都有精深造诣的人。

现代社会发展，强调的是可持续发展。其核心是经济发展与保护资源、保护生态环境的协调一致，是为了让子孙后代能够享有充分的资源和良好的自然环境，即要求在严格控制人口、提高人口素质和保护环境、资源永续利用的前提下进行经济和社会的发展。墨子“尊天”“崇地”，就是尊重大自然的规律，顺应自然。他的核心思想“兼爱”，除了要求处理好人与人之间的关系，更希望人与自然之间兼相爱交相利。他提出“节用”，看到了环境容量的有限性。墨子倡导人与自然的和谐相处，在今天看来，特别难能可贵。可以说，墨子的环境思想是中国古代环境思想的一个重要里程碑，对于构建现代和谐社会具有极其重要的借鉴意义。

资源链接 5-5 央视网视频：《百家讲坛》班墨传奇（二）

二、农圣贾思勰

（一）贾思勰和《齐民要术》

贾思勰（图 5-12），北魏益都（今属山东寿光）人，生卒年不详，曾任高阳郡（治高阳，今属山东临淄）太守，是中国古代杰出的农学家。著成综合性农书《齐民要术》。

图 5-12 贾思勰

贾思勰约在北魏永熙二年（533 年）至东魏武定二年（554 年）间，在总结前人经验的基础上，结合自己从富有经验的老农当中获得的生产知识以及对农业生产的亲身实践与体验，认真分析，系统整理，概括总结，写成农业科学技术巨作《齐民要术》。“齐民”，指平民，“要术”，为从事生产生活所需掌握的技术。

《齐民要术》全书凡 10 卷 92 篇，11 万多字，内容极为丰富，“起自耕农，终于醯醢，资生之业，靡不毕书”，涉及农、林、牧、副、渔等农业范畴。《齐民要术》系统地总结了秦汉以来我国黄河流域的农业科学技术知识，其取材布局，为后世的农学著作提供了可以遵循的依据。

该书不仅是我国现存最早和最完善的农学名著，也是世界农学史上最早的名著之一，对后世的农业生产有着深远的影响。该著作由耕田、谷物、蔬菜、果树、树木、畜产、酿造、调味、调理、外国物产等各章构成，是中国现存最早的、最完整的大型农业百科全书。贾思勰著成的《齐民要术》不仅为中国农业的发展史写下了辉煌的一笔，而且还为生物发展史提供了有力的帮助。

《齐民要术》总结了我国 6 世纪以前家畜家禽的饲养经验并搜集记载了兽医处方四十八例，涉及外科、内科、传染病、寄生虫病等方面，如直肠掏结术和疥癣病的治疗方法，历时一千四百多年，仍然沿用。《齐民要术》中还有我国独特的制曲、酿酒、制酱、作醋、煮饧（糖稀）以及食品保存和加工工艺的翔实记录，其中许多是现存最早的资料。它内容极其丰富，反映了当时我国北方农业生产技术的水平，其中有许多技术直到现在还在应用。

延伸阅读 5-7　《齐民要术》作品目录编辑

卷一：耕田、收种、种谷各 1 篇。

卷二：谷类、豆、麦、麻、稻、瓜、瓠、芋等 13 篇。

卷三：种葵（蔬菜）、蔓菁等 12 篇。

卷四：园篱、栽树（园艺）各 1 篇，枣、桃、李等果树栽培 12 篇。

卷五：栽桑养蚕 1 篇，榆、白杨、竹以及染料作物 10 篇、伐木 1 篇。

卷六：畜、禽及养鱼 6 篇。

卷七：货殖、涂瓮各 1 篇（酿造）、酿酒 4 篇。

卷八、九：酿造酱、醋，乳酪、储存 22 篇，煮胶、制墨各 1 篇。

卷十：非中国（指北魏以外）物产者 1 篇，记热带、亚热带植物 100 余种，野生可食植物 60 余种。

（二）主要贡献

1. 贾思勰建立了较完整的农学体系

《齐民要术》全书结构严谨，从开荒到耕种；从生产前的准备到生产后的农产品加工、酿造与利用；从种植业、林业到畜禽饲养业、水产养殖业，论述全面，脉络清楚。在学科类目划分上，书中基本依据每个项目在当时农业生产、民众生活中所占的比例和重要性来安排顺序。在饲养动物方面，先讲马、牛，接着叙述羊、猪、禽类，多是各按相法、饲养、繁衍、疾病医治等项进行阐说，对水产养殖也安排一定的篇幅作专门载说。叙述的农业技术内容重点突出，主次分明，详略适宜。有的因缺乏素材，只保留名目，如申明："种莳之法，盖无闻焉。"元代《农桑辑要》《王祯农书》，明代的《农政全书》，清代的《授时通考》四部大型农书均取法《齐民要术》，《齐民要术》书中所载的种植、养殖技术原理原则，许多至今仍有重要的参考借鉴价值（图5-13）。

图5-13 《齐民要术》

延伸阅读5-8 果农熏烟防霜害

《齐民要术》用了不少篇幅介绍蔬菜种植、果树和林木的扦插、压条和嫁接等育苗方法以及幼树抚育方面的技术。在植物保护方面，提出了一些防治病虫害的措施，还记述了当时果农熏烟防霜害的方法："天雨新晴，北风寒切，是夜必霜。此时放火作煴，少得烟气，则免于霜矣。"短短的二十几个字就说明了我国古代劳动人民看天气判断降霜的经验和防霜的方法，直到今天仍然在普遍应用。《齐民要术》非常重视选育良种对于提高农畜产品的产量和质量的重要作用。书中仅谷种就搜集了八十多个品种，并且按成熟期、植株高度、产量质量、抗逆性等特性作了比较科学的分类。还叙述了播种前怎样进行选种、晒种、浸种和用药物或者肥料拌种等种子处理方法，其中不少措施非常巧妙、合理，直到今天还普遍应用于农业生产。

2. 精辟透彻地揭示了黄河中下游旱地农业技术的关键所在，规范了耕、耙、耱等基本耕作措施

黄河中下游地区，春季干旱多风，气温回升迅速，夏日连雨等特点极为明显。从远古以来，形成的对应措施是注意农时，讲究农耕方法。《齐民要术》在耕、耙、耱等重要农具的阐说，耕、耙、耱、锄、压等技术环节的巧妙配合，犁、耧、锄等的灵活操用诸方面作了系统的归纳，规范了秋耕、春耕的基本措施，若干重要作物的播种量，播种的上时、中时、下时以及不同土质、墒情下的相应播法。《齐民要术》在改造土性、熟化土壤、保蓄水分、提高地力，在作物轮作换茬，绿肥种植翻压，田间井群布局与冬灌等方面，有许多重要的创见。《齐民要术》把黄河中下游旱地农耕技术推向了较高的水平。千余年间，在近现代农学方法应用以前，世代治农学者很少能在北方旱地农耕技术领域添加重要的新内容。

延伸阅读5-9 畜力挽拉耙耱壁画

1972年甘肃嘉峪关出土的魏晋墓壁画中，已发现有畜力挽拉耙耱的图像。其年代要比《齐民要术》撰成早两个世纪以上（图5-14）。

图5-14 畜力挽拉耙耱壁画

3．将动物养殖技术向前推进了一步

《齐民要术》有6篇分别叙述养牛马驴骡、养羊、养猪、养鸡、养鹅鸭、养鱼。役畜使用强调量其力能，饮饲冷暖要求适其天性，总结出“食有三刍，饮有三时”的成熟经验。养猪部分载有给小猪补饲粟、豆的措施。书中已注意到饲育畜禽等在群体中要保持合理的雌雄比例。“养羊篇”提出10只羊中要有2只公羊，公羊太少，母羊受孕不好；公羊多了，则会造成羊群纷乱。对养鹅、鸭、鸡、鱼等都提出了雌雄相关的比例关系，鹅一般是3雌1雄，鸭5雌1雄。池中放养雌鲤20尾则配雄鲤4尾。

4．详细记载了农产品加工、酿造、烹调、贮藏技术

酒、酱、醋等可能发明很早，但详细严谨揭示其制作过程，以《齐民要术》为最早。在“作酱法第七十”中，首先叙述用豆作的酱，但也记载了肉酱、鱼酱、榆子酱、虾酱等的制作方法。

延伸阅读5-10 藏生菜法

在“作菹藏生菜法第八十八”中提到藏生菜法：“九月、十月中，于墙南日阳中掘作坑，深四五尺。取杂菜种别布之，一行菜一行土，去坎一尺许便止，以穰厚覆之，得经冬，须即取。粲然与夏菜不殊。”这一鲜菜冬季贮藏的方法与现在的“假植贮藏”措施基本相同。

5．载有许多农业技术的观察材料

“种韭第二十二”中提到“韭性内生，不向外长”。“种梨第三十七”中提到梨树嫁接：接穗，“用根蒂小枝，树形可喜，五年方结子；鸠脚老枝，三年即结子而树丑”。同篇还有“每梨有十许子，唯二子生梨，余生杜”。“种椒第四十三”讲述椒的移栽时称：“此物性不耐寒，阳中之树，冬须草裹，其生小阴中者，少禀寒气，则不用裹。”这些，都是很有启发意义的观察记载材料，得到后世农学家的重视。

延伸阅读5-11 植物保护措施

“种谷楮第四十八”中提到种楮子时与麻混播，秋冬留麻，为楮树幼苗“作暖”，这

是在深刻认识两种植物生长发育特点的基础上，相应采取简便易行的保护措施。“栽树第三十二”中所述果树开花期于园中堆置乱草、生粪，煴烟防霜的经验尤为可贵。其中叙述成霜条件是“天雨新晴，北风寒切，是夜必霜”。所讲与现代科学原理相符，而遇此情况要：“放火作煴，少得烟气，则免于霜矣。”类似的煴烟防霜措施，至今仍是减免霜害的一种简单有效方法。

6. 重视生产成本，农作物的种植要进行经济核算

《齐民要术》教导农民要重视生产成本，要进行经济核算。首先要按市场条件来安排生产；其次要有适当的规模和合理的田间布局来生产；第三，要使用临时性雇工，以降低成本；另外，要重视成本核算和利润的计算。《齐民要术》列举了大量的实例，教农民如何计算，甚至连运输、销售的费用都有计算。如栽种蔬菜瓜果、植树营林、养鱼、酿造等篇，详细描述了怎样进行多样经营，如何到市场售卖，怎样多层次利用农产品等有关经济效益的内容。

延伸阅读5-12　　插枝育苗技术

在“种榆白杨第四十六”中，具体叙述榆树播种、杨树插枝育苗的技术，幼树隔3至5年伐作材料出售。种白杨一节，曾计算：1亩3垄，1垄720穴，1穴屈折插1杨枝，两头出土，1亩可得4320株，3年可为蚕架的横档木，5年可作屋椽，10年能充栋梁。以售卖蚕架横档木计算，1根5钱，1亩岁收21600文。1年若种30亩，90亩地3年1轮，可周而复始，永世无穷。“种葵第十七”提到，都邑郊区有市集之处，蔬菜种植安排得好，亦可实现周而复始、日日无穷的周年产销。

《齐民要术》中“卷头杂说”虽为后人添加，但长久以来已与全书融为一体。其中也曾叙及10亩地内种葱、瓜、萝卜、葵、莴苣、蔓菁、芥、白豆、小豆等的精细种植计划，并指明，“若能依此方法，则万不失一”。书中还记载有较多以小本钱多获利的实际内容。

7.《齐民要术》具有丰富的生态学特征

书中认识到农业生产中要善于利用生物与环境之间的生态关系及生物间的相互关系，强调注意对生物多样性的保护和利用，以保持生态平衡，对于当代农业的发展具有十分重要的现实意义。在中国传统思维的引领下，贾思勰认为在农业生产中必须以“道法自然”为基础，具体就是要做到顺天之时、因地制宜。

《齐民要术》既强调“农本”思想又体现求实务实的精神，其中记载的许多农业技术知识和方法直到当今仍在使用，重视成本核算以及注意对生物多样性的保护和利用等思想都在现代农业思想中有所体现。《齐民要术》以其丰富的内容吸引了诸多领域的学者去研究，大量的农业科学知识广泛影响亚欧各国，因而我们要进一步发掘其在农史教育和农业知识研究等方面的价值潜能。

「经典品读 5-4」

1. 力能胜贫，谨能防祸。(《齐民要术·自序》)

2. 顺天时，量地利，则用力少而成功多。任情返道，劳而无获。(《齐民要术·种谷第三》)

第4节 算圣刘洪和天文学家甘德

一、算圣刘洪

图 5-15 刘洪像

刘洪（约129—210年），字元卓，东汉泰山郡蒙阴县（今山东省临沂市蒙阴县）人，是我国古代杰出的天文学家和数学家，珠算发明者和月球运动不均匀性理论发现者，被后世尊为“算圣”（图5-15）。

（一）刘洪与《乾象历》

刘洪撰成的《乾象历》一书，是人类传世的第一部引进月球运动不均匀性理论的历法。在推算日食、月食时采用了“定朔”的方法，把回归年的长度由当时通行的《四分历》的365.25日减为365.2462日，朔望月的长度也由《四分历》的29.53085日降低为29.53054日。这两个数值都比前代历法精确。《乾象历》首次给出白道和黄道约成古度6°1′的交角；测出的近点月的长度为27.55476日，和现在的测值27.55455日相差甚微。更重要的是，《乾象历》以它的众多创造，使传统历法面貌一新，对后世历法产生了巨大的影响。它作为我国古代历法体系最终形成的里程碑而载入史册，在中国古代历法史上写下了光辉的篇章，刘洪也以取得划时代成就的天文学家而名垂青史。

刘洪的另一重要成就是和蔡邕一起补续了《汉书·律历志》，其中许多资料都被后来的《续汉书·律历志》所采用。刘洪取得了一系列令人瞩目的天文学成就，这些成就以新和精为显著特点，或是使原有天文数据精确化，或是对新天文概念、新天文数据、新天文表格、新推算方法的阐明，它们大都见于《乾象历》中。这就难怪郑玄称赞《乾象历》是“穷幽极微”的杰作，而唐代天文学家李淳风则十分中肯地指出，《乾象历》是“后世推步之师表”（《晋书·律历志中》）。事实确是如此，刘洪所发明的一系列方法成为后世历法的经典方法，他的《乾象历》使传统历法的基本内容和模式更加完备。

刘洪治历思想的核心是“明历兴废，以天为节”，即历法合天则历法兴，历法违天则历法废，实际天象是决定历法取舍的权威标准。因此，刘洪在制定他的历法时，总是先尽量准确、丰富地获取第一手观测资料（包括历史记录），进而探索日、月、五星运动的内在规律，给出合理的描述方法，从而把历法建立在客观天象的坚实基础上，这就是刘洪所说的“追天作历”。

（二）刘洪与珠算

现如今，计算机技术在人们工作生活中扮演着不可或缺的角色，殊不知，被誉为中国最古老计算机的算盘，在古代也具有同样的超前性与强大的数据处理能力。珠算的发明、改进与广泛应用，使人们的计算能力有了显著的提高。说起珠算，不得不提到一个人——“算圣”刘洪。《后汉书》中称他“密于用算”“当世无偶”。东汉时期著名天文学家和数学家徐岳在所著《数述记遗》一书有云：“刘会稽，博学多闻，偏于数学……隶首注术，仍有多种，其一珠算。”书中所提的“刘会稽”，便是徐岳的老师刘洪。

公元175—177年，刘洪因其父去世，辞官在家守孝3年。这期间，刘洪根据自己对算数的心得完成了对《九章算术》的注解。也许正因这个缘故，在守孝期满后，他被朝廷重用任命为主管财政事务的上计掾。“上计”是春秋战国秦汉至魏晋时期国家对地方各级官府进行稽察考核的一种制度，其中兼职执行审计的职能，类似于现在的统计、审计。而主管上计工作的官吏也就是“上计掾”，每年一次向中央汇报地方的户口、垦田数和钱谷入出。

后来，刘洪又任会稽（今浙江绍兴）东部都尉，而会稽，恰恰是当时精于数学演算和推崇数学功能的活跃区域，处于这种氛围下，刘洪在沉浸于对数学算数的深入研究之余，也开始思考传统计算工具的不足。他在结绳计数、契刻计数和算筹计数等计数方式的基础上，发明了太乙算、两仪算、三才算、五行算、八卦算、九宫算、运筹算等多种计算工具，在处理庞杂的数据方面有了一定的进展。后来，经过几番探索实践，把当时应用的筹算改为“珠算”，把三重张位改为一重张位，最终又成功地创造了《正负数歌诀》，发明了精妙的“正负数珠算”，为人类知识文明做出了巨大的贡献，因此被后人称为“珠算”的早期奠基人、“算圣”。刘洪晚年收徒授业，东汉著名的经学家郑玄，东汉末、三国时的历算学家徐岳都曾跟其学习。他不但传授《乾象历》等天文历法知识，还传授了珠算等数学知识，从而使珠算得以广泛传播，流传后世。

2013年12月4日，联合国教科文组织在阿塞拜疆首都巴库宣布，正式批准中国珠算项目列入教科文组织人类非物质文化遗产名录。中国传统数学的瑰宝珠算列入人类非物质文化遗产名录是实至名归，理所当然。从世界范围看算具算法，珠算的历史悠久，在实用计算、数学教育中一统天下时间之长是绝无仅有的；珠算的智慧之高，算盘结构之科学、完美，是无懈可击的；珠算之多能，传播范围之广泛，并且能够历久弥新，仍然适应于当代某些领域，也是无与伦比的；珠算作为一种文化深入到社会、生活、文学艺术、语言情感、图腾象征等各个方面；尤其珠算在现代数学教育中，在数学知识简化传授、能力培养训练、数学思想方法体现、多元智能开发等等方面拥有不可替代的优势作用。

二、天文学家甘德

图 5-16 甘德

甘德，生卒年不详，大约生活于公元前 4 世纪中期。战国时齐国人（一说楚国或鲁国）。先秦时期著名的天文学家，是世界上最古老星表的编制者和木卫二（一说木卫三）的最早发现者。他著有《天文星占》8 卷、《岁星经》等（图 5-16）。

我国是天文学发展最早的国家之一。由于农业生产和制定历法的需要，我们的祖先很早开始观测天象，并用以定方位、定时间、定季节了。

延伸阅读 5-13

甘德的活动年代当在公元前 4 世纪中期，齐威王、宣王的时代。当时诸子并作，云集齐国稷下，展开百家争鸣，甘德即是百家中一家代表人物。石申是魏国人，晚于甘德，著有《浑天图》，为先秦浑天思想的代表作。二人同为先秦杰出天文学家，故人们把二人合举并称。经过长期的天象观测，甘德著有《天文星占》八卷，石申著《天文》八卷，后世又称为《甘氏星经》《石氏星经》，合称《甘石星经》。《甘石星经》是世界上最早的天文学著作之一。书里记录了八百颗恒星的名字，其中一百二十一颗恒星的位置已被测定，是世界最早的恒星表。书里还记录了木、火、土、金、水等五大行星的运行情况，并指出了它们出没的规律。

这些著作的内容多已失传，仅有部分文字为《唐开元占经》等典籍引录，从中可以窥知甘德在恒星区划命名、行星观测与研究等方面有所贡献。

春秋战国时期，天文历法有了较广泛的发展。甘德对天空中的恒星作长期细致的观测，他和石申等人对星表都建立了各不相同的全天恒星区划命名系统。其方法是依次给出某星官的名称与星数，再指出该星官与另一星官的相对集团，从而对全天恒星的分布位置等予以定性的描述。三国时陈卓总结甘德、石申和巫咸三家的星位图表，得到我国古代经典的 283 星官 1464 星的星官系统，其中属甘氏星官者 146 座（包括二十八星宿在内）。由此可见甘德在全天恒星区划命名方面的工作对后世产生的巨大影响。据《玉海》引《赣象新书》说：“甘德中官星五十九座，共二百一星，平道至谒者；外官三十九座，共二百九星，天门至青上；紫微恒星二十座，共一百一星。共计一百一十八座，五百一十一星。”甘德在没有精密仪器可用，基本上仅肉眼观测的情况下，有如此发现，已经是够惊人的了。有迹象表明，甘德还曾对若干恒星的位置进行过定量的测量，可惜其成果后来大多散佚了。

在西方，古希腊天文学家依巴谷（Hipparchus），约在公元前 2 世纪（公元前 190—公元前 125 年）编制过星表，在他之前还有阿里斯提尔（Aristille）和提莫恰里斯（Timocharis）也编制过星表，但都不早于公元前 3 世纪。可见，甘德和石申的星表是世界最古老的星表之一。

甘德还以二十八星宿来测量日月等天体运动方位，这种方法被称为甘氏岁星法即甘氏四七法。“四七法”是天文学上岁星纪年法的一种。

延伸阅读5-14 二十八宿

据《开元占经·岁星占》《史记·天官书》和《律书》记载，二十八宿的方位和星名是东方七宿：角、亢、氐、房、心、尾、箕；北方七宿：斗、牛、女、虚、危、室、壁；西方七星：奎、娄、胃、昴、毕、觜、参；南方七星：井、鬼、柳、星、张、翼、轸。

甘德对木星的观测尤为精细，是研究木星的专家，著有关于木星的专著《岁星经》。依据《唐开元占经》引录甘德论及木星时所说的话："若有小赤星附于其侧"，据此，著名天文学史家席泽宗先生指出：甘德在公元前4世纪中叶就观测到了木星的最亮的卫星木卫二。

甘德对于行星的研究，取得了划时代的成就。尤其对金、木、水、火、土五星的运行，有独到发现。甘德推算出木星的会合周期为400天整，比准确数值398.88天差1.12天；还认识到木星运动有快有慢，经常偏离黄道南北，代表了战国时代木星研究的先进水平。甘德推算出水星的回合周期是136日，比实际数值115日误差了21日，这个误差虽大，但甘氏初步认识了水星运动的状态和见伏行程的四个阶段，说明甘氏已基本掌握了水星的运行规律。甘德还首先发现了火星的逆行现象，推算出火星行度周期为410度780日，接近于实际日期。

在历法方面，甘氏的岁星纪年法独树一帜，尤其是以12年为周期的治、乱、丰、欠、水、旱等预报方法。甘氏岁星法的特点是不用太岁、太阴和岁阴名称，而用摄提格称之（图5-17）。

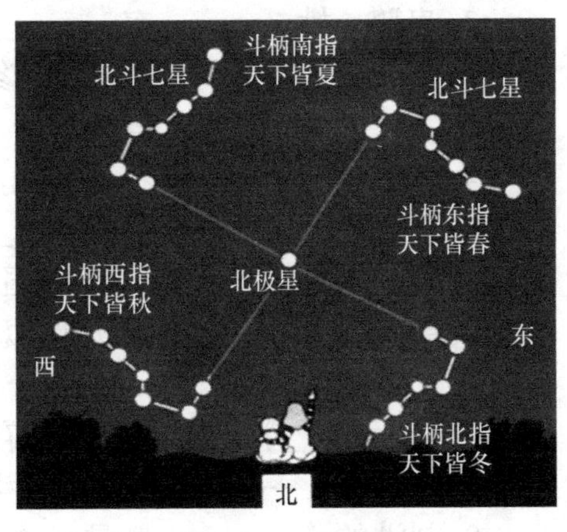

图5-17　星表图

著名天文学史家席泽宗先生指出：甘德在公元前四世纪中叶就观测到了木星的卫星木卫二。而近代对于木星的卫星，是在17世纪初望远镜发明之后，由意大利大科学家伽利略于1610年用它观测木星时才发现的。甘德早伽利略近两千年，而且在没有望远镜的条件下，仅凭肉眼就发现了木星的卫星，这真是一个奇迹。

延伸阅读5-15 摄提格

甘氏说的摄提格既是其岁星纪年中的第一年岁名，又是用以纪岁的一种标志物。在其岁星纪年中第一、二年用"摄提格"，第三年以后则皆用"摄提"。其摄提格之名大概是由于摄提转化而来。摄提格是星名，在大角星附近斗杓所指的延长线上。古人用它与斗杓配合以确定季节。"摄提格"的"格"，《史记集解》说是"至"的意思，"言摄提格随月建至，故云也。"摄提格是太岁星。

20世纪80年代，我国的天文学史工作者，通过在北京天文台兴隆观察站的实地观测，确信木卫二在一定条件下是有可能凭肉眼观测到的。甘德以其坚忍不拔的毅力和精细独到的观测把奇迹变成了现实，在世界天文学史上谱写了光辉的一页。甘德的天文学贡献，在战国时代无疑是最大的，称他为中国天文学的先驱，名副其实。

小　结

齐鲁大地，人才辈出，科学技术获得长足发展，举凡机械制造、天文历法、医学、农学、数学、物理学、光学、哲学等都有突出的成就。鲁班、扁鹊、墨子、甘德、刘洪、贾思勰等人在各自的领域做出了卓越的成就，对中国科学技术的发展产生了积极的影响，在中国科技史上留下了耀眼的光芒。

练习与思考

一、填空题

1. 鲁班，春秋时期鲁国人，他被后人尊称“巧圣”，他发明了________、________、________等。

2. 鲁班是我国著名的能工巧匠，他被后人尊称为土木工匠的________，后来土木工程界的最高荣誉被命名为________奖。

3. 扁鹊，姓________名________，又号________。扁鹊堪称切脉第一人，他在诊视疾病中，已经应用了中医全面的诊断技术，即后来中医总结的四诊法：________、________、________、________。

4. 扁鹊的医学著作有________、________、________、________。

5. 墨子是春秋战国时期著名的________、教育家、________、军事家和________。

6. 墨子是一位科学家，是中国历史上第一位在力的作用、杠杆原理、光线直射、光影关系、________、点线面体圆概念等众多领域都有精深造诣的人。后人尊称墨子为“________”。

7.《________》不仅是我国现存最早和最完善的________名著，也是世界农学史上最早的名著之一，对后世的农业生产有着深远的影响。

8. 刘洪的《________》是对《________》的改进和推广。他精通数学，《后汉书》中称他为“________”“________”。

二、思考题

1. 通过今天的学习，你了解到鲁班的哪些发明创造？

2. 鲁班善于观察，善于思考，他对待自己的发明创造精益求精，他的那份坚持，源于一种对科学的热爱，对创新的执着，鲁班的故事带给你怎样的启发？你认为自己该以怎样的态度对待今后的学习和工作？

3. 对于扁鹊的从医之路，你有怎样的认识？这对你以后的工作有何帮助？

4. 你认为中医未来的发展前途是什么？怎样才能促进中医文化更好地发展？

5.《齐民要术》是一部有很高科学价值的“农业百科全书”，它内容极其丰富，反映了当时我国北方农业生产技术的水平。说一说《齐民要术》的主要贡献。

6. 苏轼《赤壁赋》：“月出于东山之上，徘徊于斗牛之间。”“斗”“牛”就指二十八宿中的斗宿和牛宿，是写景之句，以星衬月。上网查阅古诗中与星宿有关的诗句。

实践活动（一）

“匠人”访谈录

【活动目标】

（一）了解身边“匠人”人物事迹，在讲述其故事的过程中学习其对待工作一丝不苟、精益求精的态度。

（二）培养利用网络资源搜集信息的能力，在组织访谈中锻炼沟通、表达、概括能力。

（三）培养学生团结协作的精神和组织交流活动的能力。

【活动方法】

（一）任务驱动法

教师指导学生设计活动任务，确立访谈对象和访谈内容，分工明确，确保人人参与，调动其参与的积极性和主动性。

（二）小组合作法

以小组为单位展开活动，在共同合作中培养团队意识，在与他人交流中锻炼表达能力和组织能力。

【活动流程】

（一）活动准备

1. 师生根据活动目标，依据活动主题，寻找身边具有“匠人”精神的人物，制定切实可行的访谈方案。

2. 划分小组，明确任务。根据学生的性格特点、兴趣爱好和专长，明确各成员在小组内的角色任务，4～6 人为一组，合作完成。

（二）活动实施

1. 各小组成员根据自己的任务，做好准备工作。

2. 确定访谈目标：利用网络资源搜集整理被采访人物的经历，了解其尽职尽责的工作事迹。

3. 设计访谈流程：以书面形式提前准备好要交谈的问题和内容。

4. 约定访谈时间：小记者们提前与被采访者约定好采访时间、地点。

5. 组织进行访谈：注意礼貌用语，言语得当。

6. 做好访谈记录：结构条理，文笔清晰。

（三）准备采访结果汇报

撰写采访报告或心得，口头介绍材料，制作幻灯片。

【成果展示】

（一）成果评价

明确本次活动的活动目标，采取多样化的评价方式。

（二）分享活动结果

结合幻灯片或文字资料，请各小组代表汇报采访过程，交流采访心得，谈谈“匠人”精神对今天社会发展的贡献和作用。

（三）活动总结

口头总结和书面总结两种形式，教师对各小组的活动从设计到实施到汇报加以点评和总结。

实践活动（二）

寻梦齐鲁名人故里·弘扬传统文化

【活动名称】

寻梦齐鲁故里·弘扬传统文化

【活动目的】

中华传统文化是中华民族智慧的结晶，是民族历史遗产在现实生活中的展现。党的十九大以来，作为治国理念的重要来源，党和政府多次强调传统文化的历史影响和重要意义。本次活动，让家长与孩子们近距离了解齐鲁名人故里，领略到中国传统文化的魅力，表现出对中国传统文化浓烈的兴趣。

【活动口号】

传承传统文化，寻梦齐鲁名人故里

【活动时间】

暑假期间（7 月初至 8 月底）

【活动地点】

齐鲁名人故里

【活动对象】

16～18 岁中职生

【活动方法】

故里参观、公益解说、深入研讨、总结提高

【活动宣传】

1. 前期宣传

（1）平面宣传：制作宣传海报

（2）网络宣传：利用网站、论坛、QQ、微信等网络宣传平台进行活动宣传

（3）校园广播宣传：和校园广播站合作

（4）媒体宣传：联系地方权威媒体，宣传此次活动

2. 中期宣传：通过拍照、录像等方法记录此次活动，同时及时发布活动最新进展

3. 后期宣传：活动后期进行活动总结及活动成果展示，进一步宣传齐鲁传统文化

【活动流程】

1. 带学生们去参观齐鲁名人故里博物馆，认识齐鲁传统文化
2. 请专业的老师讲解传统文化知识
3. 同学们自己制作齐鲁名人海报

【任务分配】

1. 联系：相关老师（齐鲁名人故里博物馆负责人）

2. 准备：相关材料（齐鲁文化相关的绘画，书法等）
3. 与媒体沟通，做好宣传工作

【活动预算项目】

1. 矿泉水
2. 车费
3. 参观费
4. 材料费

第6章 审美文化

提起传统文化，自然让人想到诗词歌赋、琴棋书画等传统文学艺术。在齐鲁大地上，传统文学艺术更是异彩纷呈。从《齐风》《鲁颂》到历代诗文，从汉画石刻到名家书画，从传说故事到戏剧小说，从传统音乐到说唱艺术，矗立着一座座绚丽多彩的艺术丰碑。这些传统文学艺术在齐鲁大地上孕育、萌芽、绽放，又反过来滋养、影响了一代代齐鲁人，成为齐鲁传统文化的有机组成部分。

第1节 文学名家

在我国古代文学史上，齐鲁大地名作辈出。《齐风》《鲁颂》以各自鲜明的风格树立了航标。《论语》《孟子》既为万民立极、为万民立基，同时也为我国的文学创作、文学欣赏树立了最高原则和理想境界。西晋时左思的《三都赋》一出，洛阳为之纸贵；《咏史》八首开创出一条“名为咏史，实为咏怀”的政治抒情诗写作道路。南朝刘勰的《文心雕龙》成为我国第一部文学批评专著。北宋初期的王禹偁为后期的诗文革新运动开了先声。宋代的李清照、辛弃疾如词坛双星，熠熠生辉。明代的李攀龙成为文学流派“后七子”的代表；“兰陵笑笑生”创作的《金瓶梅》被誉为我国古代文人独立创作的第一部长篇世情小说。清代的王士祯以“神韵说”名满天下；孔尚任以《桃花扇》的创作而成为清代剧坛的双子星座之一；蒲松龄以《聊斋志异》被誉为文言短篇小说之王。这众多的文学作品为我们的精神滋养和道德提升提供了养料和典范。

延伸阅读6-1 《齐风》《鲁颂》

《诗经》中的《齐风》表现了以下几个内容：第一，爱情诗。《鸡鸣》《著》《东方之日》《甫田》都是写男欢女爱的爱情诗。作为来自民间里巷的“国风”，其描写风土人情，表现民间的悲欢离合。第二，狩猎诗。此类诗有《还》《卢令》两首。狩猎，在周代，不仅是统治者的一种娱乐，也是民众的一种劳动。狩猎诗不仅是一种劳动生活的反映，而且更多的是一种尚武精神的体现，《齐风》中反映尚武精神的还有一首《猗嗟》。第三，讽谏诗。《东方未明》反映了奴隶主对奴隶的残酷奴役以及奴隶对繁重劳役的强烈不满。《南山》《敝笱》《载驱》则是揭露齐襄公荒淫无耻的生活的。这些诗歌表现了很强的思想性和艺术性。

《鲁颂》是《诗经》三颂之一，共四篇，内容均为歌颂鲁僖公。产生于春秋时期鲁国的都城。可分为两类：《閟宫》和《泮水》风格似《雅》，《駉》和《有駜》体裁类《风》。

一、李清照

李清照（1084—约1155年），号易安居士，山东济南人。宋代杰出的女词人，婉约词派代表，也是中国文学史上光耀史册的第一流女作家。

李清照的词作，以靖康之乱为界，分为前后两个时期。前期作品真实地反映了她的闺中生活和思想感情，题材集中于写自然风光、少女情怀和真挚爱情。风格清新明丽，意境优美。代表作有《如梦令》《醉花阴》。

「经典品读 6-1」

如 梦 令

昨夜雨疏风骤，浓睡不消残酒。试问卷帘人，却道海棠依旧。知否，知否？应是绿肥红瘦。

此词借宿酒醒后询问花事的描写，充分体现出作者对大自然、对春天的热爱，也流露了内心的苦闷。以景衬情，对人物心理情绪的刻画栩栩如生，以对话推动词意发展，跌宕起伏，极尽传神之妙。尤其是“绿肥红瘦”一句，更为历代文人所激赏。

南渡后，国破家亡夫死，词作主要抒发悼亡之悲和怀旧之思，以寄寓其家国之痛和故土之情。风格沉郁感伤，意境凄凉。如《声声慢》《永遇乐》。

「经典品读 6-2」

声 声 慢

寻寻觅觅，冷冷清清，凄凄惨惨戚戚。乍暖还寒时候，最难将息。三杯两盏淡酒，怎敌他、晚来风急。雁过也，正伤心，却是旧时相识。

满地黄花堆积，憔悴损，如今有谁堪摘。守着窗儿，独自怎生得黑？梧桐更兼细雨，到黄昏、点点滴滴。这次第，怎一个愁字了得。

此词通过描写残秋所见、所闻、所感，抒发自己因国破家亡、天涯沦落而产生的孤寂落寞、悲凉愁苦的心绪，具有浓厚的时代色彩。在结构上打破了上下片的局限，一气贯注，着意渲染愁情，如泣如诉，感人至深。开头连下十四个叠字，形象地抒写了作者的心情；下文“点点滴滴”又前后照应，表现了作者孤独寂寞的忧郁情绪和动荡不安的处境。全词一字一泪，风格深沉凝重、哀婉凄苦，极富艺术感染力。

二、辛 弃 疾

辛弃疾（1140—1207 年），字幼安，号稼轩，历城（今山东济南）人。辛弃疾出生时，山东已经成了金国的土地，他的爷爷经常向年幼的辛弃疾灌输一些收复失地、报仇雪耻的思想。辛弃疾 21 岁时组织了大约 2000 人的队伍，参加了耿京领导的起义军，竖起抗金大旗。最终起义遭到了残酷的镇压，领袖耿京也被叛徒杀害。辛弃疾带领一支 50 人的小队，奇袭金国大营，生擒叛徒张安国后，投奔了建康（今南京）的宋军。辛弃疾从此开始了他在南宋的为官生涯，著有《美芹十论》《九议》，分条陈述战守之策。由于与当政的主和派政见不合，后被弹劾落职。之后，在启用、革职间反复多次，备受排挤，壮志难酬。他把满腔激情和对国家兴亡、民族命运的关切、忧虑全部寄寓于词作之中。其词艺术风格多样，以豪放为主，风格沉雄豪迈又不乏细腻柔媚之处，题材广阔又善于化用典故入词。

「经典品读 6-3」

破阵子·为陈同甫赋壮词以寄

醉里挑灯看剑，梦回吹角连营。八百里分麾下炙，五十弦翻塞外声。沙场秋点兵。

马作的卢飞快，弓如霹雳弦惊。了却君王天下事，赢得生前身后名。可怜白发生！

此词刻画了一位披肝沥胆、忠贞不二、勇往直前的将军形象，表达了作者杀敌报国、收复失地的理想，抒发了壮志难酬、英雄迟暮的悲愤心情。全词在结构上打破成规，前九句语义连贯，写得酣恣淋漓、雄壮高昂，最后一句突然一个顿挫，读来波澜起伏，跌宕有致，体现了辛弃疾词“沉郁顿挫”的艺术风格。

「经典品读 6-4」

永遇乐·京口北固亭怀古

千古江山，英雄无觅，孙仲谋处。舞榭歌台，风流总被，雨打风吹去。斜阳草树，寻常巷陌，人道寄奴曾住。想当年，金戈铁马，气吞万里如虎。

元嘉草草，封狼居胥，赢得仓皇北顾。四十三年，望中犹记，烽火扬州路。可堪回首，佛狸祠下，一片神鸦社鼓。凭谁问：廉颇老矣，尚能饭否？

作者是怀着深重的忧虑和一腔悲愤写这首词的。上片赞扬在京口建立霸业的孙权和率军北伐气吞胡虏的刘裕，表示要像他们一样金戈铁马为国立功。下片借讽刺刘义隆表明自己坚决主张抗金但反对冒进误国的立场和态度。全词豪壮悲凉、义重情深，放射着爱国主义的思想光辉。词中用典贴切自然，紧扣题旨，增强了作品的说服力和意境美。

三、孔　尚　任

孔尚任（1648—1718 年），字聘之，又字季重，号东塘，别号岸堂，自称云亭山人。山东曲阜人，孔子第 64 代孙，清初著名诗人、戏曲作家。

孔尚任的传奇剧本《桃花扇》所写的是明代末年发生在南京的故事，描写了明末南京的社会现实，同时也揭露了弘光政权衰亡的原因，歌颂了对国家忠贞不渝的民族英雄和底层百姓，展现了明朝遗民的亡国之痛。全剧有两条主线：一是政治主线，二是爱情主线。作为政治主线，主要是表现以史可法为首的忠臣义士和以侯方域为代表的进步文人同以马士英、阮大铖为首的阉党余孽和以杨龙友为代表的无行文人之间的忠奸之争、正邪之争。作为爱情主线，主要是表现侯方域、李香君的悲欢离合。

《桃花扇》是一部接近历史真实的历史剧，重大事件均属真实，只在一些细节上作了艺术加工。以男女情事来写国家兴亡，是此剧的一大特色。该剧作问世三百余年来长盛不衰，已经被改编成黄梅戏、京剧、话剧等多个剧种，频频上演。

（一）《桃花扇》的创作背景

明朝灭亡之后，不少明朝的遗老不时聚会，抒发亡国之悲和人生愤慨。孔尚任的父亲孔贞璠就是其中的一位。孔贞璠重气节的品格、忧世的心肠、归隐的行为，无不对孔尚任产生了重要影响。

贾凫西是另一个对孔尚任产生重大影响的人。贾凫西是孔贞播的友人，是位刚直不阿的明朝遗老。孔尚任小时候常到贾凫西家做客，而且受到贾凫西的优待。贾凫西的思想对孔尚任也有重要影响。比如《桃花扇》中的柳敬亭说《论语》即是从贾凫西处得来。

还有一位重要的人物，正是他为孔尚任创作《桃花扇》提供了素材，他就是明末遗老孔尚则。他是孔尚任的族兄，在弘光朝做过刑部郎中。秦光仪是孔尚任的岳父，他曾避乱于孔尚则处，故而从他那里得知大量的南明遗事。明亡后，孔尚则闲居曲阜老家，与同族的孔贞播、孔尚达以及贾凫西等遗老，不时来往，时常聚在一起痛饮狂歌，抒发忧乱之慨。再加上孔尚任的岳父秦光仪经常向孔尚任讲述弘光遗事，终于使孔尚任萌发了创作《桃花扇》的动机。

1690 年，孔尚任还京，任国子监博士，过了很长一段闲曹冷局的生活。他的剧本《桃花扇》，正是经过了长期酝酿，于 1699 年左右写成的。

据孔尚任自己说，他早就有过把南明遗事形诸笔墨的想法。“予未仕时，每拟作此传奇，恐闻见未广，有乖信史，寤歌之余，仅画其轮廓，实未饰其藻采也。”出仕后，经过十余年的辗转奔波，返京多暇，“乃挑灯填词”，终于完成了这部作品。《桃花扇》的胚胎，虽萌发于作者的青年时期，但硕果却是结聚于作者经历种种曲折、思想成熟之后。作者眼界开阔了，对现实的认识更深刻了，就使作品有了更大的容量和深度。

（二）《桃花扇》的艺术成就

1. 历史真实与艺术真实的统一

《桃花扇》借离合之情，写兴亡之感，既忠于历史，又善于对历史事件进行适当的加工，以符合剧情和人物塑造的需要，从而达到了历史真实与艺术真实的统一。

2. 丰富多彩的人物塑造

作者塑造了上自帝王将相，下至妓女艺人的不下二三十个人物形象，这些人物有主有次，有褒有贬，但在孔尚任笔下，其性格却各不相同。比如，同是奸党，马士英有权有势，喜爱别人奉承，贪鄙而无才略；阮大铖则狡诈阴险，善于出谋划策。对不同的人物，作者也采用了不同的表现手法，有的点染成趣，有的进行平实的白描，有的则采用夸张的手法，不同表现手法的运用，对于人物的个性化是很有益处的。李香君是此剧中光彩照人的正面形象。她色艺非凡，身为秦淮名妓，却出污泥而不染，注重气节，很有政治远见。她和侯方域的结合，很大程度上建立在憎恶魏阉余孽这一共同的政治态度上。

3. 精美绝伦的结构艺术

该剧以桃花扇作为贯穿全剧的道具。《桃花扇》的叙事结构实际上是有着多条叙事线索的复合型叙事序列，在经过一系列的互补和叠加后，形成了绵密、完整的有机整体。其中有两个最主要的序列：一个是历尽悲欢离合的侯、李爱情故事；另一个是诉说南明小朝廷兴亡的国家故事。这两个叙事序列贯穿该戏的始终，并在恰当的时机不断转换。

4. 典雅工丽的语言风格

《桃花扇》曲词刻意求工，典雅亮丽，以淋漓酣畅、悲凉沉郁见长。说白精练自然，整饬顺畅，均极见功力。但是作者以作词之法作曲，少用衬字，少用俗语，所以典雅有余，生动不足，剧中许多曲词，显得过分雕饰。

四、蒲 松 龄

图 6-1 蒲松龄

蒲松龄(1640—1715 年)，字留仙，号柳泉居士，淄川(今山东省淄博市)蒲家庄人。19 岁应童子试，接连考取县、府、道三个第一，名震一时。以后屡试不第，直至 71 岁才援例成为贡生。他对科举制度的不合理深有体验，加之自幼喜欢民间文学，广泛搜集精怪鬼魅的奇闻异事，吸取创作营养，熔铸进自己的生活体验，创作出杰出的文言短篇小说集《聊斋志异》(图 6-1)。

(一)《聊斋志异》的思想内容

1. 反对封建礼教和封建婚姻制度，歌颂纯真爱情

如《婴宁》《莲香》《香玉》都在没有恋爱自由的当时写出了青年男女自由相爱的故事。篇中的男女主角不顾封建礼教的约束，按照自己的感情和意愿大胆地追求心爱的人，表达了作者的爱情理想和生活信念。

2. 抨击科举制度的弊端

作者饱含感情地揭露了科举制度埋没人才的罪恶。《叶生》中的叶生“文章词赋，冠绝当时”，却屡试不中，郁闷而死。最后只能让自己的鬼魂帮助一个邑令之子考中举人，“借福泽为文章吐气，使天下人知半生沦落，非战之罪也”。叶生的离奇经历和变态人格，是当时广大读书人被功名利禄、科举考试诱惑、摧残得心理变态、灵魂扭曲的真实写照。

3. 揭露现实政治的腐败和统治阶级对人民的残酷压迫

如《促织》，写各级官吏为了迎合皇帝斗促织的恶习，弄得无数百姓倾家荡产甚至家破人亡；而一旦满足了皇帝的私欲，他们就会加官进禄、飞黄腾达。作品通过对成名一家的不幸遭遇及成名儿子灵魂化促织的超现实描写，不仅揭露了封建压榨的残酷，也充分说明了官僚集团的黑暗。

4. 肯定被压迫人民的反抗斗争，塑造了一系列富有反抗性的人物形象

席方平是一个突出的代表。他为了申冤，从城隍到冥王，层层上告，不肯罢休；受到械梏、笞打、火床、锯解种种毒刑，仍不屈服；两次被押送还阳，又都逃回去，直到冤屈昭雪为止。席方平这种“大冤未伸，寸心不死”的顽强斗争精神，表现了对压迫者的刻骨仇恨，也反映了劳动人民顽强坚韧的高贵品质。

5. 揭露统治者灵魂的丑恶，歌颂人民道德情操的高尚

如《考弊司》，暴露了统治阶级的虚伪面目，考弊司司主虚肚鬼王实际正以割髀肉勒索贿赂，堂下却立着“礼义廉耻”的碑碣。歌颂人民高尚道德品质的作品，如《娇娜》写真诚的友谊，《崔猛》写打抱不平，《宦娘》写成人之美，都和统治阶级人物道德的堕落形成鲜明的对比。

(二)《聊斋志异》的艺术成就

《聊斋志异》在艺术上博采众体之长，不仅继承了魏晋志怪和唐人传奇的优秀传统，而且还从史传文学、白话小说中吸取了有益的营养，形成了独特的浪漫主义艺术风格，代表了我国古代文言短篇小说的最高水平。

1. 情节离奇曲折，虚幻性和现实性高度统一

或写幽冥世界，或写花妖狐魅，皆诡异离奇，驰想天外。但作者的幻想和虚构并非生编硬造，而是严格按照生活逻辑进行描写，借非现实的境界来暗示和映射社会现实。如《席方平》，以阴间的是非颠倒来讽喻阳间的污浊肮脏。

2. 赋予花妖狐魅形象以"物的自然性"和"人的社会性"

《聊斋志异》所写鬼狐花妖，作家一方面赋予它们以人的社会性，另一方面又保持它们某种自然性，写得狐有狐形，鬼有鬼态，兴趣盎然。如虎精苗生的粗犷，牡丹精葛巾的芳香，蠹鱼精素秋的善读书，鼠精阿纤的善积粟。不仅使人物性格特点突出，而且给读者留下鲜明的印象。

3. 用多种多样的手法塑造了一大批具有鲜明个性的人物形象

或通过人物的神情动作和内心活动，或通过生动、准确的细节，或通过自然环境的衬托，往往寥寥数笔，便能形神兼备。例如写婴宁，抓住她爱笑、爱花两个特征，加以反复渲染，她天真无邪的性格便跃然纸上。

4. 语言文白结合，简练典雅，生动形象

如《红玉》中写冯相如第一次见红玉的一段："视之，美。近之，微笑。招以手，不来亦不去。固请之，乃梯而过，遂共寝处。"寥寥数语，就把环境气氛、二人情态及心理变化，惟妙惟肖地刻画出来了，表现了少女情窦初启时的娇态和冯相如的执着、热烈。

延伸阅读6-2 《水浒传》

《水浒传》描写北宋末年以宋江为首的108位好汉在梁山聚义，以及聚义之后接受招安、四处征战的故事。全书以农民起义的发生、发展过程为主线，通过各个英雄被逼上梁山的不同经历，描写出他们由个体觉醒到走上小规模联合反抗，再到发展为盛大的农民起义队伍的全过程，表现了"官逼民反"这一封建时代农民起义的必然规律，塑造了农民起义领袖的群体形象，深刻反映出北宋末年的政治状况和社会矛盾。

作者站在被压迫者一边，歌颂了农民起义领袖们劫富济贫、除暴安良的正义行为，肯定了他们敢于造反、敢于斗争的革命精神。宋江原是一位扶危济困的义士，当他被逼上梁山之后，"替天行道"，壮大了起义军的声威，取得了一系列胜利。但由于他性格的二重性和思想的局限性，在起义事业登上峰巅之时选择了妥协、招安，最终葬送了起义事业。小说通过刻画宋江起义的失败客观上总结了封建时代农民起义失败的经验教训。

小说以高俅发迹作为故事的开端，意在表明"乱自上作"，因为高俅是封建统治集团的代表人物。作者还写了大批的贪官污吏和地方恶霸，正是他们狼狈为奸，鱼肉百姓，才迫使善良而正直的人们不得不铤而走险，奋起反抗。小说深刻地挖掘出了封建时代农民起义的深层原因。

一次起义造就出无数英雄，一部奇书树立了一座丰碑。战火与硝烟随着时空的转换已经散去，文化与精神却在历史的积淀中丰富发展起来。八百年沧桑，八百年洗炼，水浒文化以顽强的生命力和恢弘的气势丰富了中华民族的文化。水浒文化不仅体现了中国传统文化的基本内容，而且更具有自己的鲜明特征：正义诚信、豪迈直爽、乐善好施的忠义精神，不畏权势、爱憎分明、奋起抗争的叛逆精神，英勇顽强、一往无前、不怕艰险的进取精神，肝胆相照、荣辱与共、团结协作的团队精神。

第2节 书画名家

书画是汉字书法与中国传统绘画的合称。齐鲁书画艺术有悠久的历史、骄人的成就和独特的魅力。新石器时代中期的大汶口文化遗存中的18个刻画符号既是文字的源头，也是书法的源头。秦代的峄山刻石、泰山刻石、琅琊台刻石等是小篆字体的标准范本。曲阜、泰安等地的汉代隶书名碑皆为学习汉隶的范本。魏晋时期，以王羲之、王献之为代表的一批齐鲁书法家树立了中国书法史上的一座高峰。隋代的展子虔被后人誉为“唐画之祖”。唐代的颜真卿独创颜体书法，把盛唐气象体现得淋漓尽致。宋初画家李成是山水画的一代宗师，开山水画“文秀”画风。北宋宫廷画家张择端的《清明上河图》名满天下。

一、王羲之

图 6-2　王羲之

王羲之（303—361年），字逸少，东晋著名书法家，有“书圣”之称（图6-2）。琅琊（今山东省临沂市）人，后迁会稽山阴（今浙江绍兴）。其书法兼善隶、草、楷、行各体，精研体势，心摹手追，广采众长，备精诸体，冶于一炉，摆脱了汉魏笔风，自成一家，影响深远。风格平和自然，笔势委婉含蓄，遒美健秀。代表作《兰亭序》被誉为“天下第一行书”。

《兰亭序》结体欹侧多姿，错落有致，千变万化，曲尽其态。单是“之”字的写法就各具姿态，无一雷同。用笔以中锋立骨，侧笔取妍，有时藏蕴含蓄，有时锋芒毕露。尤其是章法，从头至尾，笔意顾盼，朝向偃仰，疏朗通透，形断意连，气韵生动，风神潇洒。王羲之书风的最大特征是用笔细腻而结构多变，过去的书风都走古拙一路，而王羲之却能把书法技巧由纯出乎自然而引向较为注重华美而达到精致的境界，与古拙相对而为“秀媚”。这种充溢韵致的书风与《兰亭序》描写的良辰美景珠联璧合，有一种微妙的人和大自然融合在一起的境界。作者置身于“崇山峻岭、茂林修竹”之间，“极视听之娱”，抒发乐山乐水之情。吟咏赏景之际，或悲或喜，情感跌宕，叹人生苦短、良辰美景不常，情景交融，文思喷发，乘兴书之，成就了旷世杰作。《兰亭序》的可贵之处就在于自然形态之美和人的情感之美的和谐结合，走笔如行云流水，进入书艺的最高境界（图6-3）。

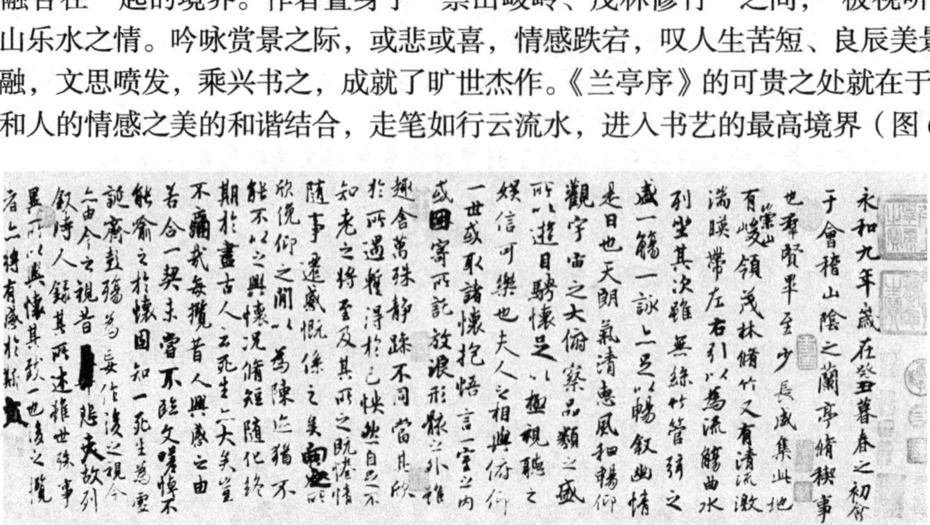

图 6-3　《兰亭序》

《兰亭序》书法，符合传统书法的最基本审美观："文而不华，质而不野，不激不厉，温文尔雅。"其笔法刚柔相济，线条变化灵活，点画凝练，书体以散求正，具有欹侧、揖让、对比的间架美感，成为"中和之美"书风的楷模。

延伸阅读6-3　"神龙兰亭"

《兰亭序》晋朝人叫《临河序》，后人又称为《修禊序》《禊帖》《兰亭集序》，计二十八行，三百二十余字。据说，东晋永和九年（353年）三月三日，天朗气清，惠风和畅，王羲之与谢安、孙绰等四十一人在山阴兰亭流觞饮酒，赋诗唱和。王羲之面对良辰美景、高朋挚友，用蚕茧纸、鼠须笔，乘兴写下了这篇"遒媚劲健，绝代亘古"的序文。王羲之回家后又重写了数十遍，皆不如原稿，所以他自己也特别爱重，交付子孙传藏。传至王羲之七世孙智永，无嗣，交弟子辩才保存。唐太宗李世民酷爱王羲之书法，千方百计得到了《兰亭序》，常常"置之座侧，朝夕观览"。贞观十年（636年），唐太宗让冯承素、虞世南、褚遂良等书家摹拓十本以赐近臣，死后把真迹带进昭陵作为陪葬品。所以我们至今已经无法看到《兰亭序》的真迹，只能看到"下真迹一等"的唐摹本。唐摹本中最逼真的是冯承素摹本，因帖前后印有唐中宗李显年号"神龙"各半之印，故又称为"神龙本"，即《神龙兰亭》。郭天锡谓"神龙本""笔法秀逸，墨彩艳发，奇丽超绝，动心骇目"。

二、王献之

王献之（344—386年），字子敬，小名官奴，祖籍琅琊（今山东省临沂市），生于会稽山阴（今浙江绍兴）。东晋著名书法家、诗人、画家。

王献之自幼随父练习书法，以行书及草书闻名，在楷书和隶书上亦有深厚功底。与其父王羲之并称为"二王"，还与张芝、钟繇、王羲之并称"书中四贤"。

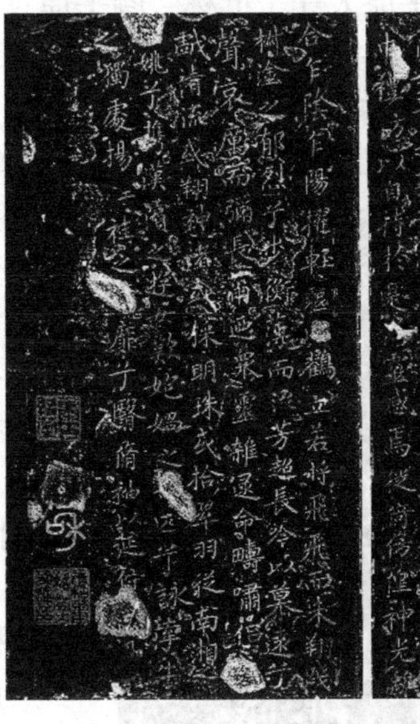
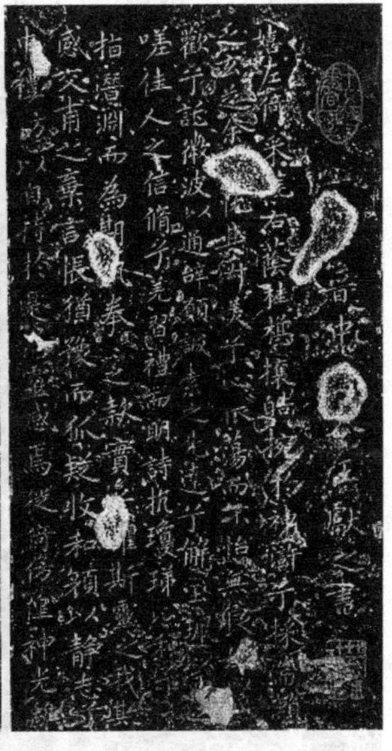

图6-4　王献之《洛神赋十三行》

王献之是魏晋书家群体中的一位巨子。父亲王羲之的悉心传授和指导，使他奠定了坚实的笔法基础。由于他是魏晋名家中晚出的一位，客观上为他提供了博采众家之长、兼善诸体之美的机遇，赢得了与王羲之并列的艺术地位和声望。他还创造了"一笔书"，变其父上下不相连之草为相连之草，往往一笔连贯数字，由于其书法豪迈、气势宏伟，故为世人所重（图6-4）。

延伸阅读6-4　十八口大缸

王献之七八岁时始学书法，师承父亲。有一次，王羲之看献之正聚精会神地练习书法，便悄悄走到背后，突然伸手去抽王献之手中的毛笔，献之握笔很牢，没被抽掉。王羲之夸赞他："此儿后当复有大名。"

十来岁时，他自认为字写得不错了。一天，他去问父亲："我的字再练三年就够好了吧？"王羲之笑而不答，母亲摇着头说："远着呢！"献之又问："那，那五年呢？"母亲的头仍旧摇着。献之急着追问："那究竟多少年才能练好字呢？"又问道："父亲，大家都说您的字写得好，那有什么秘诀？"王羲之看看儿子，心想这书法没有扎实的基本功，怎么可能入人眼目呢？于是他走到窗前，指着院内的一排大缸说："你呀，写完那十八口大缸水，字才有骨架子，才能站稳脚呢！"王献之听了心里很不服气，暗自下决心要显点本领给父母看。

于是他天天按父亲的要求，先从基本笔画练起，苦苦练了五年。一天，他捧着自己的"心血"作品给父亲看。王羲之没有做声，翻阅后，见其中的"大"字架势上紧下松，便提笔在下面加一点，成了"太"字，然后把字稿全部退还给献之。小献之心中有点不是滋味，又将全部习字抱给母亲看。母亲则仔细地揣摩，许久才叹了口气说："我儿字写了千日，惟有一点似羲之。"献之走近一看，惊呆了，原来母亲指的这一点正是王羲之在大字下面加的那一点。献之满脸羞愧，自感写字功底差远了。聪明的王献之深深地体会到写字没有捷径，只有"勤"字。便一头扑进书房，天天研墨挥毫，刻苦临习。后来终于成为举世闻名的书法家，与父齐名，并称"二王"。

三、颜　真　卿

颜真卿（709—785年），字清臣，祖籍琅琊（今山东临沂），出生于京兆万年（今陕西省西安市）。唐代杰出的书法家、政治家。

开元二十二年（734年），颜真卿登进士第，历任监察御史、殿中侍御史。后因得罪权臣杨国忠，被贬为平原太守，世称"颜平原"。安史之乱时，颜真卿率义军对抗叛军。后至凤翔，被授为刑部尚书。代宗朝历任户部侍郎、吏部侍郎、刑部尚书等职，德宗朝任太子少师、太子少保。封鲁郡开国公，人称"颜鲁公"。后被派遣安抚叛将李希烈，大义凛然，终被缢杀。他遇害后，嗣曹王李皋及三军将士皆为之痛哭。后追赠司徒，谥号"文忠"。

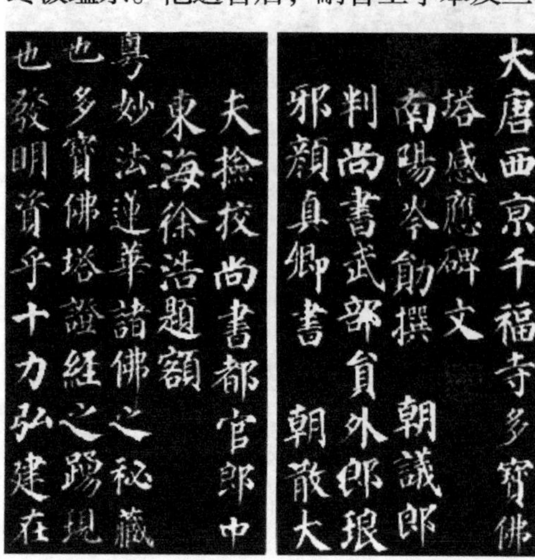

图6-5　颜真卿《多宝塔感应碑》

颜真卿书法精妙，擅长行、楷。初学褚遂良，旁及蔡邕、王羲之、王献之等前辈大家及徐浩等同辈名家，广泛汲取艺术营养。对他起了直接作用的则是大书法家张旭。颜真卿把张旭的指导记录下来，写成了《张长史十二意笔法记》。其正楷端庄雄伟，行书气势遒劲，创"颜体"楷书，对后世影响很大。与赵孟頫、柳公权、欧阳询并称为"楷书四大家"。又与柳公权并称"颜柳"，书风并称为"颜筋柳骨"。

颜体书法堂庑宏阔，气势磅礴，是盛唐气象的体现。楷书元气弥漫，浑厚雄强，法度森严。用笔以裹锋起笔、中锋行笔、回锋收笔为主，方圆并使（图6-5）。

颜真卿的行书也有极高的造诣，神采飞扬超迈，结体欹侧险峭，章法摇曳多姿，行笔驰骤奔突（图 6-6）。

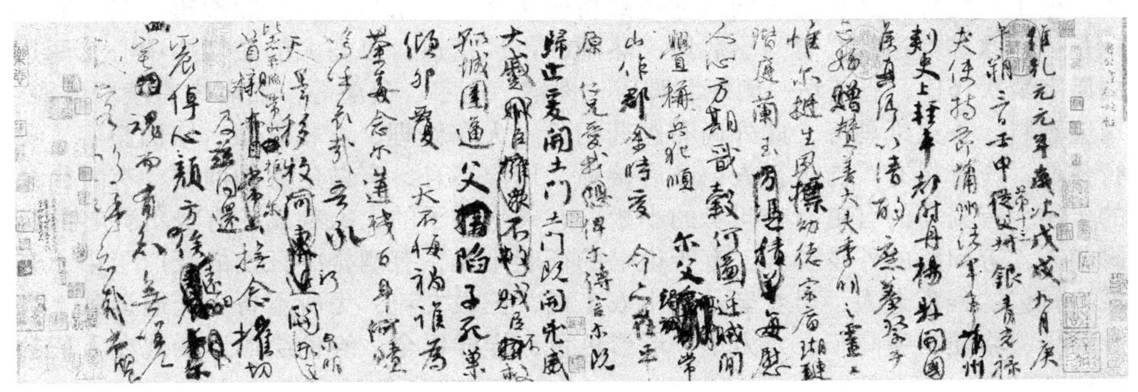

图 6-6　颜真卿《祭侄文稿》

四、张　择　端

张择端，字正道，东武（今山东省诸城市）人，北宋画家。宣和年间任翰林待诏，擅画楼观、屋宇、林木、人物。所作风俗画市肆、桥梁、街道、城郭刻画细致，界画精确，豆人寸马，形象如生。存世作品《清明上河图》为我国古代的艺术珍品（图 6-7）。

图 6-7　张择端《清明上河图》

《清明上河图》长 528.7 厘米，宽 24.8 厘米，绢本，淡设色，现藏北京故宫博物院。作品以长卷形式展现了北宋都城东京汴河一带的市井风光。全卷大致可分为三个段落。首段，郊野的春光。在疏林薄雾中，掩映着茅舍、草桥、流水、老树、扁舟。脚夫赶着驮炭的毛驴，向城市走来。柳林泛绿，路人匆匆。中段，繁忙的汴河码头。人员稠密，粮船云集，人们有在茶馆休息的，有在看相算命的。河里船只往来，首尾相接，或纤夫牵拉，或船夫摇橹，有的满载货物，逆流而上，有的靠岸停泊，正紧张地卸货。横跨汴河上的是一座规模宏大的木质拱桥，它结构精巧，形式优美。有一只大船正待过桥。船夫们有用竹竿撑的，有用长竿钩住桥梁的，有用麻绳挽住船的，还有几人忙着放下桅杆，以便船只通过。邻船的人也在指指点点地像在大声吆喝着什么。船里船外都在为此船过桥而忙碌着。桥上的人，也伸头探脑地在为过船的紧张情景捏了一把汗。这里是名闻遐迩的虹桥码头区，车水马龙，熙熙攘攘，名副其实地是一个水陆交通的会合点。后段，热闹的市区街道。以高大的城楼为中心，两边的屋宇鳞次栉比，有茶坊、酒肆、脚店、肉铺、庙宇、公廨等。商店中有绫罗绸缎、珠宝香料、香火纸马等，此外尚有医药门诊，大车修理、看相算命、修面整容，各行各业，应有尽有。街市行人，摩肩接踵，川流不息，有做生意的商贾，有看街景的士绅，有骑马的官吏，有叫卖的小贩，有乘坐轿子的大家眷属，有身负背篓的行脚僧人，有问路的外乡游客，有听说书的街巷小儿，有酒楼中狂饮的豪门子弟，有城边行乞的残疾老人，男女老幼，士农工商，三教九流，无所不备。交通运载工具有轿子、骆驼、牛马车、人力车，形形色色，样样俱全，绘色绘形地展现在人们的眼前。

《清明上河图》有几个非常鲜明的艺术特色：

1. 内容丰富

《清明上河图》在表现手法上，以不断移动视点的办法即“散点透视法”来摄取所需的景物。大到广阔的原野、浩瀚的河流、高耸的城郭，细到舟车上的钉铆、摊贩上的小商品、市招上的文字，和谐地组织成统一整体。在画中有士、农、商、医、卜、僧、道、胥吏、妇女、儿童、篙师、缆夫等人物及驴、马、牛、骆驼等牲畜。有赶集、买卖、闲逛、饮酒、聚谈、推舟、拉车、乘轿、骑马等情节。画中大街小巷店铺林立，酒店、茶馆、点心铺等百肆杂陈，还有城楼、河港、桥梁、货船，官府宅第和茅棚村舍密集。《清明上河图》中画有550多人，各种牲畜60多匹，木船20多只，房屋楼阁30多栋，推车乘轿20多件。如此丰富多彩的内容，为历代古画中所罕见。各色人物从事的各种活动，不惟衣着不同、神情气质各异，而且穿插安排着各种活动。

2. 结构严谨

繁而不乱，长而不冗，如此丰富多彩的内容，主体突出，首尾呼应，全卷浑然一体。画中每个人物、景象、细节，都安排得合情合理，疏密、繁简、动静、聚散等画面关系，处理得恰到好处，达到繁而不杂，多而不乱，充分表现了画家对社会生活的深刻洞察力与高超的画面组织和控制能力。

3. 大手笔与精细的工笔相结合

善于选择那些既具有形象性和诗情画意，又具有本质特征的事物、场面及情节加以表现。每个人各有身份、各有神态、各有情节。房屋、桥梁等建筑结构严谨，描绘一丝不苟。船只上的物件、钉铆方式，甚至结绳系扣都交代得一清二楚，令人叹为观止。

第3节　汉画像石

汉画像石是汉代工匠雕刻在地下墓室、墓地祠堂、墓阙和庙阙的石像，集建筑、雕塑、绘画于一体，是汉代最有代表性的艺术形式。萌发于西汉昭、宣时期，新莽时有所发展，到东汉时进一步扩大，主要分布于山东、河南、陕西、四川及其周围地区，尤以山东居多，有“中国汉画像石看山东之说”。长青孝堂山石祠、嘉祥武氏祠、沂南赵寨画像石墓、安丘董家庄画像石墓是山东代表性的画像石墓遗存，其中尤以嘉祥武氏祠规模最大。汉画像石同商周的青铜器、南北朝的石窟艺术、瓷器、书画一样，是我国文化艺术中的杰出代表，是中华民族艺术宝库中璀璨的明珠（图6-8）。

图6-8 宫阙图

一、汉画像石代表

（一）武氏祠

武氏祠，又名武氏石刻墓群，俗称武梁祠（图6-9）。位于山东省济宁市嘉祥县城南15千米纸坊镇武翟山村，是中国现存最大、最完整的汉代墓葬石刻。始建于东汉桓、灵时期，全石结构，石刻画像。祠内石刻包括石阙、石狮、墓碑、汉画像石等，雕刻精湛，气魄雄浑，是汉代石刻艺术的巅峰之作，被誉为世界瑰宝、中国历史百科全书。联合国教科文组织评价其价值超过了同时期埃及的金字塔和古希腊瓶画，与它们并称世界三绝。

图6-9 武氏祠

潘天寿在《中国绘画史》中赞叹武氏石刻：“其高古朴茂，琦玮谲诡之趣，诚非想象所及，虽其形象之表现，没有不合理处，然能运其沉雄之笔线，以表达各事物之神情状况，而成一代特殊之风格，非晋唐人所能企及。”

资源链接6-3 央视网：《特别呈现》我从汉朝来 第一集 家的记忆

（二）北寨汉墓

北寨汉墓又称北寨汉代古画像石墓，当地俗称将军冢（图6-10），位于山东省临沂市沂南县界湖镇北寨村。该墓为东汉末年所建，距今已有1700多年的历史。墓内有保存完整而又精致的汉画像石42块，画像73幅，主要内容有：军事攻占图、车马出行图、祭祀鬼神图、丰收宴享图和乐舞百戏图等。画像雕刻细腻精美，线条简练流畅，构图疏密合理，是汉画像石艺术发展兴盛时期具有代表性的佳作。有多幅画像被《中国历史》教科书收录，《世界美

图6-10 北寨汉墓

术史》《中国美术史》《中国建筑史》等也曾作过介绍。

二、艺 术 特 色

山东地区的汉画像石在兴起、发展过程中，逐渐形成了独特的艺术特色。

（一）丰富多样的题材内容

山东地区汉画像石取材广泛，内容丰富，其主要内容可分为三类。

1. 生动形象的生活画卷

此类画像反映了汉代社会生活的诸多方面，主要表现死者的生平经历、享乐生活及拥有的财富；同时也反映了汉代劳动人民的生产生活状况，如狩猎郊游、车马出行、汉胡战争、农耕纺织、拜谒会见、庖厨宴饮、棋艺乐舞等（图 6-11、图 6-12）。

图 6-11 车马出行图

图 6-12 汉胡战争图

2. 教化后世的历史故事

汉武帝采纳了董仲舒“罢黜百家，独尊儒术”的方针，儒家思想占据了主导地位。汉朝大肆宣扬君君臣臣、父父子子、忠臣孝亲的伦理道德，对贤臣明臣、武功爵勋、贞节烈女、殉国刺客顶礼膜拜。这些思想直接反映在汉画像石的创作上，最突出的例子就是周公辅成王，此外还有专诸刺王僚、荆轲刺秦、豫让刺赵襄、聂政刺韩傀、完璧归赵等表现忠君思想的画像。而荆轲作为忠义的化身，为汉代人推崇，被称为第一刺客，荆轲刺秦王的故事也三次出现在画像石上。此外，多幅汉画像石上出现孔子及弟子的人物形象（图 6-13）。

3. 浪漫传奇的神话传说

该题材中神话部分有雷公、风伯、雨师、东王公、西王母、玄武、朱雀等。传说部分有伏羲、女娲、神农、黄帝、尧、舜、禹等。画面内容极为精彩，实为中国艺术史上绚丽多彩的珍品（图 6-14）。

（二）全面精致的雕刻技法

齐鲁汉画像石的雕刻技法不拘一格，多种多样，各种技法交错使用。可以分为拟绘画和拟浮雕两大类五种雕刻技法。

1. 拟绘画类

拟绘画类即线刻类汉画像石，是将汉画像石的物象直接用线条在石面上准确地表达出来，早期的汉画像石是在石椁内粗糙的底面上直接刻绘图像，其后将石头底面凿刻整理后刻绘图像，到东汉晚期则是磨平底面后绘刻图像。拟绘画类汉画像石雕刻技

图 6-13 上图：周公辅成王 下图：孔子见老子

图 6-14 风伯吹房图

法可分三种类型（图 6-15）。

（1）平面阴刻线：将石面磨制平滑，在光滑的石面上用阴刻线刻出图像。

（2）凹面阴线刻：将画像石的底面用凿凿平，稍加研磨，石面仍留有不甚清晰的凿纹，绘制完图像后，将画像的轮廓内凿成凹面，然后再用阴线刻划细部。

（3）减地平面线刻：将画像石的底面凿平，然后用水磨平，在石面上绘制图像，加工时将图像外缘凿低磨平，使画像凸起，并用阴线细致加工。

2. 拟浮雕类

拟浮雕类雕刻工艺（图 6-16）主要是在粗糙不平的石面上，将图像突出，将底面铲平或留有凿纹，使底面低于图像，以显现画像图案。这类工艺在后期的画像石墓中尤为多见。可分为两种类型。

图 6-15 故太守图

图 6-16 拟浮雕类

（1）浅浮雕：是将物像轮廓外石面剔得较浅，物像呈凸棱形的孤面高于地面，在物像内因部位不同刻出起伏、细部。

（2）高浮雕：是将物像轮廓外石面剔得较深，使物像较高地突显出来，增加画像的立体效果。

（三）细腻繁缛的艺术风格

与拟浮雕类的南阳汉画像石相比，山东地区的汉画像石多属拟绘画类，也就是线刻类，以刀代笔的阴刻线条占据主导地位。此种雕刻技法实际上主要反映了绘画的艺术特征，以线刻为主干的多种雕刻技法的应用，加上线条本身的成熟流畅，物像刻画的生动准确，物像细部的精心刻绘，形成了山东地区汉画像石的细腻风格。分层分格的画像布局和各种散点透视的物像构图，形成了包罗万象、井然有序的画面，再加上用来衬托主题的树木、禽兽、云饰等各种小物像的填白，使画面更加充盈繁密。诸种因素汇合起来，形成了山东地区汉画像石的画面内容繁多、饱满均衡、细腻绵密、变化繁缛的艺术风格，给人一种“充天塞地、密不透风”的艺术感受和深沉雄大的气势。

三、美学价值

汉画像石独特的制作技艺和雄浑的艺术风格，奠定了它的艺术欣赏价值。汉画像石糅合了绘画和雕塑两种技法，独特的创作技法赋予其独特的艺术风格和伟大的艺术成就。王建中先生认为：“作为世界东方文化之光的艺术，它（汉画像石）集中国先秦绘画艺术之大成，开辟了中国古代线描、雕刻、彩绘艺术于一体之先河，从而拓宽了中国传统绘画的题材内容，发展了中国传统绘画的表现形式，丰富了中国传统绘画的艺术技巧，奠定了中国传统绘画的坚实基础。”

汉画像石对汉代以后的绘画和雕塑产生了深远的影响。汉画像石在艺术形式上上承战国绘画古朴之风，下开魏晋风度艺术之先河，奠定了中国画的基本法则和规范，至今已经影响了中国许多艺术形式，如民间剪纸、雕塑艺术、版画艺术。

汉画像石以鲜明的艺术语言，从不同角度反映了汉代雄浑博大、自信从容的文化精神，折射出齐鲁先民生生不息的生命力和创造力。其精美的雕刻技艺，展现了汉代山东地区雕刻匠师的高超技艺，展示了汉代工匠的“工匠精神”，令后世的艺术家佩服至极。其展现的阳刚之美、力量之美，对于增强文化自信、民族自信有很大的现实意义与美学价值。

四、汉画像石蕴含的政治、经济、社会生活等信息

汉画像石堪称是汉代社会的缩影。汉画像石展示了汉代社会的政治经济、军事战争、文化艺术、科技和法律等方面的内容，再现了汉代社会生活的方方面面，成为形象化的汉代史料、汉代百科全书。历史学家翦伯赞说：“这些石刻画像，假如把它们有系统地搜集起来，几乎可以成为一部绣像汉代史。”

山东诸城前凉台出土的描绘汉代刑徒的汉画像石，是研究汉代阶级关系、政治法律的珍贵形象资料。农业、手工业生产的珍贵图像，形象地揭示了汉代的社会生产力和生产关系。如滕县黄家岭农耕画像，不仅刻画了农民犁耕、锄草、耙地使用的工具、畜力和操作方式，而且也再现了农民在地主监督下辛苦劳动的情景；纺织图和冶铁图让我们感受到汉代手工业的发达；讲经图反映了汉代齐鲁地区浓厚的文化教育氛围；征战图展现了齐鲁人民金戈铁马的尚武精神；庖厨图和宴饮图描绘了汉代饮食文化与饮食礼仪；建筑庭院图呈现了齐鲁地区的建筑文化。

汉画像石是石刻与绘画相结合的艺术形式，既表现了汉代美术的多样化，也表现出一种成熟的艺术形式所具有的形式美和内在美，其吸引力和震撼力对后世产生了深刻的影响。它以永恒不朽的价值与魅力，展示中华民族辉煌的过去，也昭示着民族复兴的未来。

第4节 说唱艺术

齐鲁传统音乐和说唱艺术种类众多：有光辉灿烂的说唱艺术，有千姿百态的歌舞音乐，有格调高雅的文人音乐，有绚烂多彩的戏曲艺术，还有丰富多彩的民间歌曲和民间器乐。山东快书、山东评书、山东琴书等说唱艺术赫赫有名，吕剧、柳子戏、山东梆子等戏曲艺术辉煌灿烂，代表文人音乐的诸城古琴高雅清幽。

一、山东快书

山东快书是山东的一种传统曲艺形式，用山东方言说唱，因用鸳鸯板击节伴奏，故又叫铁板快书，后来有人改用竹板，变成竹板快书。山东快书起源于山东临清、济宁、菏泽、兖州一带，流行于山东、华北、东北各地。当初，山东大鼓盛极一时，山东大鼓里有个牌子，近似半说半唱的韵诵体，叫做窜钢腔。据说，山东快书就是在它的基础上发展起来的，已有百余年历史。山东快书以《武松传》起家，曾名武老二。2006年经国务院批准列入第一批国家级非物质文化遗产名录（图6-17、图6-18）。

图6-17 山东快书大师孙镇业

山东快书采用站唱形式，左手击打鸳鸯板作为伴奏。表演上讲究“手、眼、身、步”及“包袱”“扣子”的运用。山东快书的表演采用山东方言，以吟诵为主，间有说白。唱腔为典型韵诵体，早期偏重“吟诵”，后来趋向“板诵”。唱法上有所谓平口、俏口、贯口和散口之别，说白所使用的白口，又分为穿插说明性的表白和打岔议论性的过口白。唱词是以七字句为主的韵文，演员吟诵唱词，兼以说白，具有口语化和形象性特点。

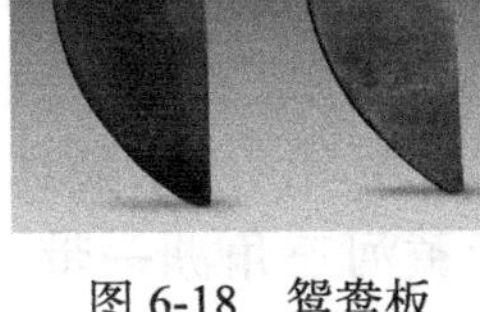

图6-18 鸳鸯板

山东快书易编易演，灵活简便，不受场地限制，因此可随时演出，能迅速地反映现实生活，有极其广泛的群众基础。许多经典段子在群众中广为流传，深受喜爱。

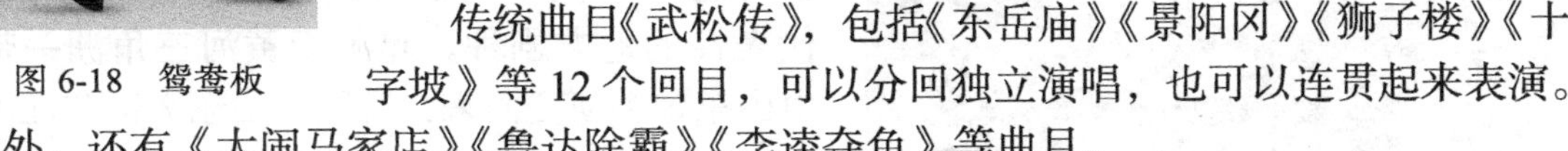

传统曲目《武松传》，包括《东岳庙》《景阳冈》《狮子楼》《十字坡》等12个回目，可以分回独立演唱，也可以连贯起来表演。此外，还有《大闹马家店》《鲁达除霸》《李逵夺鱼》等曲目。

二、山东评书

山东评书，又称山东评词，源于古代讲故事，是一种通过叙述情节、描写景象、刻画人物、评议事理来敷演历史及现代故事的曲艺形式（图6-19）。

图6-19 山东评书艺术家刘延广

山东评书演出形式简单，所用道具仅为折扇一把，醒木一块，手帕一方。以说为主要艺术表现手段，辅以动作，以山东方言为主，富有浓郁乡土气息。谈古论今，敷演故事，说评结合，妙趣横生。山东评书擅用关子和扣子，擅长贯口，善用歌、词、赋、赞来刻画人物形象，注重说、学、做、白、评。

山东评书的节目以长篇大书为主，内容多为历史朝代更迭、英雄征战和侠义故事。代表人物傅泰臣，代表书目有《隋唐演义》《杨家将》等；刘延广，代表书目有《虎口夺盐》《抓舌头》《桥隆飙》《侦察济南府》《智擒燕子李三》等。

资源链接 6-4　中国评书网：王军《杨家将前传》

延伸阅读 6-5

山东琴书

山东琴书是山东地区传统曲艺品种之一。清代乾隆初年发源于鲁西南的菏泽（古曹州）地区。早期多由民间艺人在农村中传唱，始称为小曲子，后因其伴奏乐器主要为扬琴（早称洋扬），故被称为扬琴。后来，说唱山东琴书的民间艺人，进入较大城市或到外省演唱，曾被称为文明琴书、山东扬琴等，至1933年始定名为山东琴书。山东琴书对吕剧产生过重大影响，是山东吕剧的直接母体。2006年经国务院批准被列入第一批国家级非物质文化遗产名录。

山东琴书采用山东方言表演，用词造句俚言俗语，自然流畅。曲调以老六门主曲即上合调、凤阳歌、叠断桥、汉口垛、垛子板、梅花落最为常用，清末民初以来又进一步发展为以凤阳歌和垛子板为主要曲调，穿插少量小曲进行说唱。

山东琴书的表演以唱为主，以说为辅，唱词基本为七字句。演出形式一般为一至五六人，以敲打扬琴者为主，其余数人亦分唱角色兼奏乐器。传统的演唱讲究稳重大方，演唱者正襟危坐，仪态端庄，目不斜视，全靠富于变化的唱腔和乐器伴奏配合来完成故事情节的表达和人物形象的刻画。

山东琴书多取材于民间传说和群众所熟悉的历史故事。传统代表性书目很多，长篇有《白蛇传》《秋江》及移植来的《杨家将》《包公案》《大红袍》等多部。

三、吕　剧

图 6-20　吕剧《姊妹易嫁》

吕剧又称化装扬琴、琴戏，国家级非物质文化遗产，中国八大戏曲剧种之一，山东最具代表性的地方剧种。起源于黄河三角洲一带，由山东琴书演变而来，流行于山东大部和江苏、安徽、东北三省的部分地区。其音乐属于板腔体，兼唱曲牌，其最为突出的特点是：既是戏曲又是曲艺。主要伴奏乐器是坠琴（主弦）、扬琴、二胡、琵琶（以前多用三弦）（图 6-20）。

吕剧语言淳朴生动，唱腔优美悦耳，深得人民群众喜爱。吕剧的演唱方法，以真声为主，个别高音之处则采用真假声结合的方法处理，吕剧的唱腔讲究以字设腔，以情带声，吐字清晰，口语自然。润腔时常用滑音、颤音、装饰音，与主要伴奏乐器坠琴的柔音、颤音、打音、泛音相结合，与过渡音、装饰音浑然一体，使整个唱腔优美顺畅。吕剧的角色分生、旦、净、丑四大行当。

吕剧具有鲜明的地域特色。吕剧传统剧目的舞台道白，是在济南官话的基础上偏重于上韵；而现代戏的道白则直接使用济南官话，具有鲜明的地方特色。在表演中，吕剧善于运用通俗易懂、形象生动的群众语言作为台词，并以此来塑造人物形象。常用曲牌多数来自山东琴书明清以来的民间小曲，如娃娃腔、莲花落、罗江怨、叠断桥、靠山调等曲牌。

吕剧传统剧目有《王小赶脚》《王定保借当》《小姑贤》《王天宝下苏州》《白蛇传》等。现代剧目《姊妹易嫁》《画龙点睛》《苦菜花》《李二嫂改嫁》等。

资源链接 6-5 中国戏曲网：吕剧经典剧目

延伸阅读 6-6 柳子戏

柳子戏是山东古老剧种之一，是以元、明、清以来流传于中原一带的传统民间俗曲小令为基础，并吸收高腔、乱弹、昆腔、罗罗、皮簧等声腔的部分剧目及唱腔，逐渐发展演变而成的一种地方戏剧。因曲牌中有一种柳子调，故得名柳子戏，以三弦作为主要乐器，故又名弦子戏。中国戏曲史上曾有东柳、西梆、南昆、北弋之称，其中的东柳就是山东柳子戏。2006年，柳子戏经国务院批准被列入第一批国家级非物质文化遗产名录。

柳子戏备受观众的欢迎，在鲁、豫、皖、苏、冀一带民间盛传“吃肉吃肘子，听戏听柳子”的说法。

柳子戏表演程式粗犷豪放，生活气息浓厚。柳子戏的唱腔以俗曲和柳子调为主。其中俗曲部分比重较大，曲调委婉曲折，能够表达细腻复杂的思想感情，素有“九腔十八调，七十二咳咳”之称，其曲牌有曲子、小令和客腔。

传统剧目以《孙安动本》和《张飞闯辕门》最为经典。还有《观灯》《五台会兄》《玩会跳船》《关羽斩貂蝉》等精品折子戏。

柳子戏音乐具备旺盛的生命力。柳子戏与现在很火的昆曲同宗；刘欢当年的一曲《好汉歌》就是改编自柳子戏《锯大缸》；1998年纪念香港回归一周年音乐会上的开场唢呐独奏曲，源于柳子戏音乐曲牌《一枝花》。

四、山东梆子

山东梆子是山东省古老的戏曲剧种之一，至今有三百多年的历史，是山陕梆子流传到山东后，与本土土腔小戏相结合而形成的地方戏曲剧种。又名高调梆子，简称高调或高梆，又因其高昂激越的特点，被称为舍命梆子腔。1952年，定名统称为山东梆子。主要流行于鲁西南的菏泽、济宁、泰安等地的大部分县市，以及聊城、临沂等地区的广大城镇乡村（图6-21）。

图6-21 两狼山上剧照

山东梆子唱腔慷慨激昂，高亢健壮，突

出的特点是花腔多，甩腔多，且甩腔最后多落在“啊”音上，富有浓郁的地方特色。行当则以红脸、黑脸为主，表演动作粗犷，架式夸张，舞台上洋溢着雄浑、豪放的阳刚之美。

山东梆子以板胡、二胡为主要伴奏乐器，也常用笙、阮、琵琶等乐器伴奏。唱腔音乐属板式变化体，各种板式均以七字句和十字句为主。其唱腔中的基本板式有慢板、流水板、二八板、一鼓二锣等。在板式的运用上，主要有两种形式：一种为单一板式的应用，另一种则是通过不同板式的有机组合和转接，构成节奏变化明显、旋律对比鲜明的大段成套唱腔。

山东梆子传统剧目极为丰富，内容以历史题材为主。描写反抗强暴、大忠大奸、杀富济贫、除暴安良的剧目，占有相当大的比重，反映了鲁西南人民敢于斗争、争取自由的剽悍个性，如《墙头记》《老羊山》《玉虎坠》《两狼山上》等。

延伸阅读6-7 诸城古琴

诸城古琴又称琅琊派古琴，山东文人音乐的代表。形成于清嘉庆年间，是中国近代琴坛上一支融古开今、别具一格的著名古琴艺术流派。诸城古琴的立调体系是以三弦为宫而以律吕命调。除古琴基本的技法外，诸城古琴还形成了肉指按弦、以实音为主、回锋手法等独特的弹奏技法，其艺术风格细致、含蓄、质朴、流畅。琴谱有王冷泉辑《琴谱正律》，王既甫、王心源、王秀南祖孙三代相传的《桐荫山馆琴谱》，王露辑《玉鹤轩琴谱》，王宾鲁传《梅庵琴谱》。

诸城派古琴代表性传统曲目以《长门怨》《秋风词》《关山月》为独有曲操，此外还有《归去来辞》《石上流泉》《渔樵问答》《高山》《捣衣》等曲目。

齐鲁说唱艺术作为齐鲁传统文化的精粹，蕴含着深厚的文化底蕴和艺术内涵，也蕴藏着浓厚的文化思想。它的博大精深值得我们去传承去发展去创新，通过音乐文化的传承发展去推动其他文化事业的繁荣发展，提升文化修养，增强文化软实力。为我们的文化强省建设和文化强国目标实现提供强有力的文化动力。

小　结

艺术审美是传统文化洋溢出的灵性和诗情。它赋予我们对生命的憧憬，对人间美好的怀念。悠悠历史长河中，勤劳朴实、善良坚忍的齐鲁先民创造了丰富多彩的艺术：精彩纷呈的文学作品，流畅自然的书画艺术，古朴深沉的汉画像石，脍炙人口的说唱艺术。它们不仅凝聚了艺术家独创性的劳动，也表达了齐鲁人民的审美理想和生命旨趣。今天，这些艺术作品仍在塑造我们的心灵，陶冶我们的情操，培育我们美好的人性！

练习与思考

一、填空题

1. 颜真卿正楷端庄雄伟，行书气势遒劲，创“颜体”楷书，对后世影响很大。

与赵孟頫、柳公权、欧阳询并称为________。又与柳公权并称“颜柳”，书风并称为________。

2. 王羲之的代表作________被誉为“天下第一行书”。

3. 武氏墓群画像石画面的题材内容，大致可分为________、________、________。

4. 山东快书以“说”和“唱”为主要表现手段，基本句式为________。

5. 吕剧最突出的特点是________。

6. 吕剧的角色分________、________、________、________四大行当。

二、思考题

1. 仔细阅读下文，结合辛弃疾的词作，谈谈你心目中的辛弃疾形象。

我常想，要是为辛弃疾造像，最贴切的题目就是“把栏杆拍遍”。他一生大都是在被抛弃的感叹与无奈中度过的。当权者不使为官，却为他准备了锤炼思想和艺术的反面环境。他被九蒸九晒，水煮油炸，千锤百炼。历史的风云，民族的仇恨，正与邪的搏击，爱与恨的纠缠，知识的积累，感情的浇铸，艺术的升华，文字的锤打，这一切都在他的胸中、他的脑海，翻腾、激荡，如地壳内岩浆的滚动鼓胀，冲击积聚。既然这股能量一不能化作刀枪之力，二不能化作施政之策，便只有一股脑地注入诗词，化作诗词。他并不想当词人，但武途政路不通，历史歪打正着地把他逼向了词人之道。终于他被修炼得连叹一口气，也是一首好词了。说到底，才能和思想是一个人的立身之本。像石缝里的一棵小树，虽然被扭曲、挤压，成不了旗杆，却也可成一条遒劲的龙头拐杖，别是一种价值。但这前提，你必须是一棵树，而不是一棵草。从“沙场秋点兵”到“天凉好个秋”；从决心为国弃疾去病，到最后掰开嚼碎，识得辛字含义，再到自号“稼轩”，同盟鸥鹭，辛弃疾走过了一个爱国志士、爱国诗人的成熟过程。诗，是随便什么人就可以写的吗？诗人，能在历史上留下名的诗人，是随便什么人都可以当的吗？“一将功成万骨枯”，一员武将的故事，还要多少持刀舞剑者的鲜血才能写成。那么，有思想光芒而又有艺术魅力的诗人呢？他的成名，要有时代的运动，像地球大板块的冲撞那样，他时而被夹其间感受折磨，时而又被甩在一旁被迫冷静思考。所以积300年北宋南宋之动荡，才产生了一个辛弃疾。（摘自梁衡《把栏杆拍遍》）

2. “问世间，情为何物，直教生死相许”，孔尚任在《桃花扇》中，是如何“借离合之情，写兴亡之感”的？

3. 忠诚守信是儒家思想的重要内容，对齐鲁人民的文化性格和审美有重要影响，试举例说明儒家文化思想对汉画像石艺术的影响。

4. 齐鲁说唱艺术是与山东文化、历史、地理融为一体的，具有明显的山东地域特色，试举例说明说唱艺术是如何表现山东人民的情思和理想的。

实践活动（一）

经典诗词朗诵比赛

【活动主题】

诵读经典诗词，弘扬传统文化

【活动目的】

1. 弘扬我国传统文化，提高学生的文化素养、审美情趣。

2. 提高学生的语文素养，增强校园人文底蕴，培养学生爱祖国、爱家乡、诚实守信等良好品格，形成积极正确的人生观和价值观。

3. 提高学生的朗诵水平，激发学生读书热情，使学生养成多读书、读好书、会读书的良好习惯。

【参赛对象】

全体学生参加本班比赛，每班选拔一定名额的学生参加全校比赛。

【比赛要求及形式】

1. 必须脱稿朗诵。

2. 所选内容（经典诗词）长短不限，必须健康积极向上，可以是课内的也可以是课外的。

3. 参赛形式以朗诵为主，鼓励创新。可采用各种不同的朗诵形式，并搭配恰当的音乐、舞蹈、道具、服装等。

实践活动（二）

书法绘画比赛

【活动主题】

美丽家园 快乐生活

【活动目的】

提升艺术修养，打造魅力校园，让文化的气息熏染校园的每一个角落，让艺术的魅力深入师生的心田。

【作品内容】

1. 书法类：钢笔字、毛笔字。

2. 绘画类：国画、素描、漫画、电脑绘画等，学生自选主题。

【相关要求】

1. 书法类：楷书、行书、草书、篆书、隶书任选一种字体。硬笔书法以 A4 纸或米字格纸为宜，毛笔书法以宣纸书写，格式自定，书写内容根据活动主题自定。

2. 绘画类：①表现题材不限；②作品规格自定。

实践活动（三）

说唱艺术展演

【活动目标】

（一）了解齐鲁说唱艺术的基本知识。

（二）学唱其中一个剧种作品片段。

（三）培养学生高雅的艺术情趣，传承优秀传统文化。培养学生热爱祖国文化的感情。

【活动方法】

（一）任务驱动法

指导学生设计活动任务书，细化任务目标，最大限度激发学生的积极性和创造性。

（二）小组合作法

以小组为单位开展活动，鼓励学生合作探究。

【活动步骤】

（一）活动准备

1. 设计活动方案。师生根据活动目标，围绕活动主题，结合学校当地的实际情况及资源，共同设计出切实可行的活动方案。

2. 合理分组。学生根据兴趣爱好分为四个小组。每个小组根据活动方案制订本小组的活动计划。

（二）活动实施

1. 小组成员分工协作，利用互联网资源，收集有关曲艺的知识，下载相关视频欣赏学习。

2. 利用信息技术，创设学习情境，展现自己的曲艺演出能力。

3. 学生演出简单的曲艺片断。根据自己的能力和特点，选择合适的角色，发挥创造性，鼓励学生自编自导自演。

活动实施过程中，老师既要放手，充分发挥学生的主观能动性，又要适时地给予指导。

（三）成果展示

1. 四个小组分别展示作品。

2. 整合成套艺术品，演出分享。

3. 录制视频。

第7章 民俗文化

在齐鲁大地上，先民是怎样庆祝春节、元宵节以及其他重要节日的？山东有没有我们引以为傲的传统手工技艺？鲁菜的真正特色是什么？对于婚丧嫁娶这些人生大事，有何礼仪和讲究呢？下面就让我们通过这一章的学习来解答这些问题，走近齐鲁民俗文化。

民俗文化，传承着中华民族的高度智慧、高超技艺和高尚品德，沟通着历史和现实、物质与观念，具有增强民族认同、塑造民族品格的重要作用。齐鲁之乡，礼仪之邦，民风民俗淳朴，文化底蕴浓厚。几千年来，独特的自然、人文环境孕育了独具特色的齐鲁民俗文化。

第1节 岁时节日民俗

岁时节日，主要是指与天时、物候的周期性转换相适应，在人们的社会生活中约定俗成的，具有某种风俗活动内容的特定时日。不同的时节，有不同的民俗活动，且以年度为周期，循环往复，周而复始。

一、春　节

春节又称过年，是汉族最隆重的传统节日（图7-1、图7-2）。古代的春节叫元旦、元日、新年。中华人民共和国成立后，将农历正月初一正式定名为春节。山东人的“过年”，是从腊月二十三的“小年”开始的。“小年”，旧时称之为“辞灶日”，传说这一天灶王爷上天向玉皇大帝汇报一家人工作、学习、生活情况，人们要设摆供案祭祀灶神，送其上天汇报工作，以祈福纳祥。在山东，包水饺、炸年货是大年三十重要的年事活动。包水饺的时候，面要和的多一点，包完水饺一定要剩下一点面，揉成椭圆形，一

图7-1　贴门神

图7-2　拜年年画

切为二，象征“大元宝”，寓意来年财源广进。山东年俗，除夕水饺是有一些特别的讲究的。包水饺时，一定要排满整“盖垫”，中间绝对不留空余，否则，就以为来年会“亏大财”。很多地方的人还喜欢包一枚硬币在其中，据说，吃到这枚硬币的人，来年定会走好运。年三十傍晚，要“送家堂”，即举行仪式把逝去的先祖、亲人请回家过年，在山东，这是年三十最为隆重和严肃的年事活动。春节过后，还要“送家堂”。山东人过年“请家堂”的习俗表现的是对先祖亲人深深的怀念和尊敬。农历正月初五，旧时称为“破五”。这一天家家都要包饺子，忌说不吉利的话，忌“串亲”。

「经典品读 7-1」

除 夕

烛影摇红焰尚明，寒深知己积琼英。老夫冒冷披衣起，要听雄鸡第一声。

这首诗是清代诗人赵翼在85岁高龄时所作。写守岁达旦之时，心里萌动一股活力，明年要与时俱进，创造人生的新辉煌！

二、元 宵 节

农历正月十五元宵节，又称上元节、元夕节、灯节，是汉族传统的节日。每年农历正月十五日举行。元宵节起源于汉朝。在这一天活动很多，有吃元宵、观花灯（图 7-3）、猜灯谜、踩高跷、小车会、舞狮子（图 7-4）、扭秧歌等。

图 7-3 元宵节灯会

图 7-4 舞狮子

「经典品读 7-2」

青玉案·元夕

南宋 辛弃疾

东风夜放花千树，更吹落，星如雨。宝马雕车香满路。凤箫声动，玉壶光转，一夜鱼龙舞。

蛾儿雪柳黄金缕，笑语盈盈暗香去。众里寻他千百度，蓦然回首，那人却在，灯火阑珊处。

这首词的上阕写正月十五的晚上，满城灯火，尽情狂欢的景象。下阕仍然在写“元夕”的欢乐，且一对意中人在大街巧遇的场景。同时，还有一种说法认为：站在灯火阑珊处的那个人，是对他自己的一种写照。根据历史背景可知，当时的作者不受重用，文韬武略施展不出，心中怀着一种无比惆怅之感，所以只能在一旁孤芳自赏。也就像站在热闹氛围之外的那个人一样，给人一种清高拔俗之感，体现了受冷落后不肯同流合污的高士之风。

三、清　明　节

每年公历 4 月 5 日前后，是我国传统的节日——清明节。中国传统的清明节大约始于周代，距今已有 2500 多年的历史。它是我国农历的二十四个节气之一，也是最重要的祭祀节日之一，是祭祖和扫墓的日子。这时候，我国大部分地区气候转暖，万物欣欣向荣，使人感到格外清新明洁。人们郊游、踏青、打秋千，到先祖坟地烧纸祭拜，除草培土。农村有的宗族聚集族人到祠堂祭祖。

延伸阅读 7-1　　**子推绵山焚身**

“子推言避世，山火遂焚身。四海同寒食，千秋为一人。”唐代诗人卢象这首《寒食》诗，所言即是寒食节的来历——“子推绵山焚身”的故事。清明头一天是寒食，相传寒食节源于纪念春秋时晋国介子推。当时介之推与晋文公重耳流亡列国，割股（即大腿）肉供文公充饥。文公复国后，子推不求利禄，与母归隐绵山。文公焚山以求之，子推坚决不出山，和他的母亲一起抱树而死。文公葬其尸于绵山，修祠立庙，并下令于之推焚死之日禁火寒食，以寄哀思，后相沿成俗。中国过去的春祭都在寒食节，直到后来改为清明节，寒食与清明两个节日合二为一。

四、端　午　节

农历五月初五是端午节。古代，“五”与“午”相通，因此，“端五”“重五”亦称为“端午”“重午”。端午节是我国民间夏季最重要的传统节日。它约始于春秋战国之际，其来源有多种说法，其中在民间流行最广、最有影响的说法是为纪念屈原于五月初五投汨罗江。这天，人们会举行各项活动，如吃粽子（图 7-5）、躲午、赛龙舟（图 7-6）、迎火船、戴艾蒿、挂营蒲、带香包、挂葫芦、驱五毒、饮雄黄酒、悬钟馗等习俗。

图 7-5　粽子

图 7-6　赛龙舟

延伸阅读7-2 屈原与端午

据《史记·屈原贾生列传》记载，屈原是春秋时期楚怀王的大臣。他倡导举贤授能，富国强兵，力主联齐抗秦，遭到贵族子兰等人的强烈反对，屈原遭谗去职，被赶出都城，流放到沅、湘流域。他在流放中，写下了忧国忧民的《离骚》《天问》《九歌》等不朽诗篇，独具风貌，影响深远（因而，端午节也称诗人节）。公元前278年，秦军攻破楚国国都。屈原眼看自己的祖国被侵略，心如刀割，但是始终不忍舍弃自己的祖国，于五月初五，在写下了绝笔作《怀沙》之后，抱石投汨罗江身死，以自己的生命谱写了一曲壮丽的爱国主义乐章。传说屈原死后，楚国百姓哀痛异常，纷纷涌到汨罗江边去凭吊屈原。渔夫们划起船只，在江上来回打捞他的真身。有位渔夫拿出为屈原准备的饭团、鸡蛋等食物，全部地丢进江里，说是让鱼龙虾蟹吃饱了，就不会去咬屈大夫的身体了。人们见后纷纷仿效。一位老医师则拿来一坛雄黄酒倒进江里，说是要药晕蛟龙水兽，以免伤害屈大夫。后来为怕饭团为蛟龙所食，人们想出用楝树叶包饭，外缠彩丝，发展成粽子。以后，在每年的五月初五，就有了龙舟竞渡、吃粽子、喝雄黄酒的风俗，以此来纪念爱国诗人屈原。

五、七夕节

七夕节，即“七夕乞巧”，每年农历七月初七，这一天是传说中牛郎织女鹊桥相会的日子。这天晚上，年轻的姑娘和少妇要在庭院向织女星乞求智巧，故称为“乞巧”。其起源于对自然的崇拜及妇女穿针乞巧，后被赋予了牛郎织女的传说，使其成为象征爱情的节日。现被认为是“中国情人节”。

延伸阅读7-3 七夕的传说故事

相传牛郎父母早逝，又常受到哥嫂的虐待，只有一头老牛相伴。牛郎在老牛的帮助下认识了织女，二人互生情意，后来织女便偷偷下凡，来到人间，做了牛郎的妻子。婚后，男耕女织，情深意重，他们生了一男一女两个孩子，一家人生活得很幸福。但是好景不长，这事很快便让天帝知道，王母娘娘亲自下凡来，强行把织女带回天上，恩爱夫妻被拆散。牛郎上天无路，还是老牛告诉牛郎，在它死后，可以用它的皮做成鞋，穿着就可以上天。牛郎按照老牛的话做了，穿上牛皮做的鞋，拉着自己的儿女，一起腾云驾雾上天去追织女，眼见就要追到了，岂知王母娘娘拔下头上的金簪一挥，一道波涛汹涌的天河就出现了，牛郎和织女被隔在两岸，只能相对哭泣流泪。他们的忠贞爱情感动了喜鹊，千万只喜鹊飞来，搭成鹊桥，让牛郎织女走上鹊桥相会，王母娘娘对此也无奈，只好允许两人在每年七月七日于鹊桥相会。后来，每到农历七月初七，相传牛郎织女鹊桥相会的日子，姑娘们就会来到花前月下，抬头仰望星空，寻找银河两边的牛郎星和织女星，希望能看到他们一年一度的相会，乞求上天能让自己像织女那样心灵手巧，祈祷自己能有如意称心的美满婚姻，由此形成了七夕节。

六、中秋节

中秋节是我国的传统佳节，为每年的农历八月十五，也是我国仅次于春节的第二大传统节日。在中国的农历里，一年分四季，一季分孟仲季三个阶段。农历的八月，居于秋季之中，八月十五又居八月之中，故称八月十五为中秋或仲秋、八月半。国人心目中，中秋是一个象征团圆的传统节日。中秋节的起源，与古代秋祀、拜月习俗有关。中秋节自古便有祭月、赏月、拜月、吃月饼、赏桂花、饮桂花酒等习俗，流传至今，经久不息。中秋节以月之圆兆人之团圆，为寄托思念故乡、思念亲人之情，祈盼丰收、幸福，成为丰富多彩、弥足珍贵的文化遗产。“每逢佳节倍思亲”，这是每位中国人特有的传统情感。对于炎黄子孙来说，即使远在天涯海角，中秋节的明月，也能带去亲人的缕缕相思与祝福。

延伸阅读7-4　嫦娥奔月

相传远古时候天上有十日同时出现，晒得庄稼枯死，民不聊生。一个名叫后羿的英雄，力大无穷，他同情受苦的百姓，登上昆仑山顶，一气射下九个太阳，人们因此得以安居乐业。不料，被射落的九个太阳皆是天帝之子，天帝便恼怒地将后羿和妻子嫦娥贬入凡间。西王母同情后羿的遭遇，就把长生不老药送给他。后来心术不正的逢蒙趁后羿率众外出狩猎之机，逼嫦娥交出不死药。嫦娥知道自己不是对手，当机立断将药一口吞下。随后，嫦娥就轻飘飘向天上飞去，由于嫦娥牵挂着丈夫，便飞落到离人间最近的月亮上成了仙。后羿回家后思念妻子，就在嫦娥喜爱的后花园里摆上香案，放上她平时最爱吃的蜜食鲜果，遥祭在月宫里眷恋着自己的妻子。百姓们闻知嫦娥奔月成仙的消息后，纷纷在月下摆设香案，向善良的嫦娥祈求吉祥平安。有些地方传说中秋节就是这样形成的。

七、重 阳 节

我国古代以九为阳，九月九日正是阳月阳日，故名“重阳”。重阳节活动极为丰富，有登高、赏菊、喝菊花酒、吃重阳糕、举行庙会、插茱萸等习俗。“重阳节”又是“老人节”，老人们在这一天或赏菊以陶冶情操，或登高以锻炼体魄，给桑榆晚景增添了无限乐趣，也反映了中华民族尊老爱幼的优良传统。

延伸阅读7-5　有关重阳节的传说

南朝梁人吴均之《续齐谐记》载：传说东汉时，汝南县里有一个叫桓景的人，当时突然发生大瘟疫，桓景的父母也因此病死，所以他到东南山拜师学艺，仙人费长房给桓景一把降妖青龙剑。桓景早起晚睡，披星戴月，勤学苦练。一日，费长房说：“九月九日，瘟魔又要来，你可以回去除害。”并且给了他茱萸叶子一包，菊花酒一瓶，让他家乡父老登高避祸。于是他便离开回到家乡，九月九日那天，他领着妻子儿女、乡亲父老登上了附近的一座山，把茱萸叶分给大家随身带上，瘟魔则不敢近身。又把菊花酒倒出来，每人喝了一口，避免染瘟疫。他和瘟魔搏斗，最后杀死了瘟魔。从此，汝河两岸的百姓，就把九月九日登高避祸、桓景剑刺瘟魔故事一直传到现在。从那时起，人们就过起重阳节来，有了重九登高的风俗。唐代的《初学记》和宋代的《太平御览》等多种重要类书都转述了吴均《续齐谐记》里的这个故事，并认为九月九日登高喝菊花酒，妇女在胳膊上系茱萸囊辟邪去灾的习俗由此而来。

第2节 传统手工技艺

手工艺是我国传统文化的一个重要组成部分。手工艺是指以手工劳动进行制作的具有独特艺术风格的工艺美术。勤劳聪明的山东人民自古就创造了高超的技艺，如杨家埠年画、楷木雕、高密剪纸、鄄城砖雕等传统美术，鲁锦、琉璃瓦、潍坊风筝等国家级非物质文化遗产项目的古老技艺，均代表了山东传统手工技艺的发展水平。

一、杨家埠年画

山东潍坊杨家埠年画，始于明代，兴于清朝。重喜庆、浓彩、实用，多反映理想、风俗和日常生活，构图完整匀称，造型粗壮朴实，线条简练流畅。杨家埠年画题材广泛，表现内容丰富多彩，有神像类、门神类、美人条、金童子、山水花鸟、戏剧人物、神话传说等（图 7-7），同时也有反映当地民间生活、针砭时弊之作，但喜庆吉祥是杨家埠年画的主题（图 7-8）。杨家埠年画生产分绘画、雕刻、印刷、装裱等几道工序，每一道工序都极为精细准确。做法是先将画稿勾出黑线稿，贴到刨平的梨木或棠木板上，雕刻出主线版。待印出主线稿后，再分不同颜色，刻出色版，套色印刷，最后修版装裱而成。2006 年，杨家埠年画经国务院批准列入第一批国家级非物质文化遗产名录。山东潍坊杨家埠同天津杨柳青、苏州桃花坞并称我国民间年画的三大著名产地。

图 7-7　杨家埠年画　门神图

图 7-8　杨家埠年画　灶王图

二、楷　木　雕

楷木雕是山东省古老的地方传统雕刻艺术之一（图 7-9），迄今已有 2400 余年的历史，其原材料源于曲阜孔林独有的珍稀植物——楷树。楷树树龄达千年以上，木质坚硬，呈金黄色，有“软黄金”和“南檀北楷”之美誉。

楷木雕经历代艺人们的辛苦创造形成了独特的艺术风格，形神兼备，刀法古朴简约，浑厚精细。技法分圆雕、浮雕、透雕和镂空雕。制作工艺有十几道之多。作品由原来的“寿杖”、“如意”几个品种发展为孔子像、各种人物、花鸟走兽和文具等近百个品种。如意图案有龙、凤、蝠、鹿、鹤、八仙、三星等题材，寓意好运当头、幸福吉祥。头为灵芝祥云状，通体雕花、浮雕、透雕、镂空雕等众多雕刻技法，交叉使用。作品赋有神韵，行乎自然、高贵典雅。

孔子门人子贡为楷木雕创始人，他用楷木雕刻的其师孔子、师母亓官氏的两尊圆雕坐像，已成千古传世之宝，现存于曲阜孔庙（图 7-10）。

图 7-9　楷木雕　如意

图 7-10　孔子夫妇楷木像

三、剪　　纸

剪纸是我国最古老、最流行的民间艺术形式之一。我国的民间剪纸大体分为北方和南方两大类。北方剪纸浑厚、粗犷、天真、朴美，南方剪纸则灵巧、柔美、严谨、纤细。作为北方剪纸的代表，山东剪纸形象鲜明，主题突出，题材广泛，内容更多体现齐鲁文化内涵。山东剪纸从造型风格上可分为两类，一类是以高密为代表的胶东沿海地区，以线为主，线面结合的精巧型剪纸；另一类是以滨州为代表的渤海湾地区，粗犷豪放型剪纸。

高密剪纸，多以五谷庄稼、生肖胖娃、腊梅牡丹等生活形象为题材，相对比较精巧细致。表现形式上善于使用锯齿纹，短小精细的锯齿使作品刚劲挺拔（图 7-11）。

如果说高密剪纸精细的锯齿纹展现了胶东一带剪纸的细腻和变化，那么滨州剪纸则更体现了齐鲁文化的古朴浑厚，豪放粗犷。滨州剪纸结构严谨，拙中蕴巧，往往善于抓住表现对象的主要特征，极为生动又极为自然的表现主题（图 7-12）。

图 7-11　高密剪纸

图 7-12　滨州剪纸

延伸阅读7-6 剪纸起源

西汉皇帝刘彻有一个非常宠爱的妃子李夫人不幸早亡，刘彻思念不已。当地有一个叫少翁的人称能将李夫人的灵魂招来，汉武帝便降旨准他招魂。少翁用纸剪了李夫人的影像，到了夜晚在一顶方帐中点起灯烛，映出了像李夫人真人一样的影像，汉武帝在另一帐中远远看见，更加悲切，遂赋诗曰："是耶非耶，立而望之，翩何姗姗其来迟？"这便是中国剪纸最早的雏形。以后，这种手法流传于民间，于是就产生了皮影戏。

四、鄄城砖塑

鄄城砖塑是山东省菏泽市特有的传统建筑装饰，有着悠久的历史。它不同于天津的砖雕，也不同于广东的灰塑，而是自成一派，保持了传统的民间捏塑和土陶工艺特色。以鄄城谢家砖塑为代表，烧制的神庙、家祠等建筑艺术构件，闻名方圆千里。谢家砖塑主要有戏曲砖塑和花鸟砖塑两种，花鸟砖塑题材多样，手法朴实率真，图案艺术风格具有浓郁的地方特色和鲜明的民族文化特色。

五、鲁锦

鲁锦诞生在鲁西南一带，当地民间俗称"老土布""老粗布"，也称其为"花格子布"。因色彩绚丽，美丽如锦，后被定名为"鲁锦"。它是山东独有的一种纯棉手工提花纺织品，具有悠久的织造历史、复杂的织造技艺和绚丽的艺术图案，是勤劳智慧的山东人在漫长的人类文明发展进程中，精心创造的一种具有齐鲁文化特色的传统民间手工艺。

鲁西南民间织锦的织造工艺极为复杂，从采棉纺线到上机织布要经过七十二道工序，其中包括轧花、弹花、搓布绩、纺线、打线、浆线、染线、沌线、落线、经线、刷线、做综、闯杼、掏综、吊机子、栓布、织布、了机等十几种主工序。每道主工序里还有很多子工序，且都有很多技巧（图7-13）。

鲁锦的图案意境，是靠色线交织出各种各样的纹饰来体现的。通过抽象图纹的重复、平行、连续、间隔、对比等变化，形成特有的和谐美，极具艺术魅力。如今，鲁锦在最初的平纹、斜纹、缎纹、方格纹的基础上，又发展出枣花纹、水纹、狗牙纹、斗纹、芝麻花纹、合斗纹、鹅眼纹、猫蹄纹等8种基本纹样（图7-14）。

图7-13 鲁锦制作

图7-14 鲁锦

六、琉 璃 瓦

琉璃瓦是中国传统的建筑物件，通常施以金黄、翠绿、碧蓝等彩色铅釉，因其材料坚固、色彩鲜艳、釉色光润，一直是建筑陶瓷材料中的骄子。我国早在南北朝时期就在建筑上使用琉璃瓦件作为装饰物，到元代时皇宫建筑大规模使用琉璃瓦，明代十三陵与九龙壁都是琉璃瓦建筑史上的杰作。琉璃瓦经过历代发展，已形成品种丰富、型制讲究、装配性强的系列产品，常用的普通瓦件有：筒瓦、板瓦、勾头瓦、滴水瓦、罗锅瓦、折腰瓦、走兽、挑角、正吻、合角吻、垂兽、钱兽、宝顶等（图 7-15）。

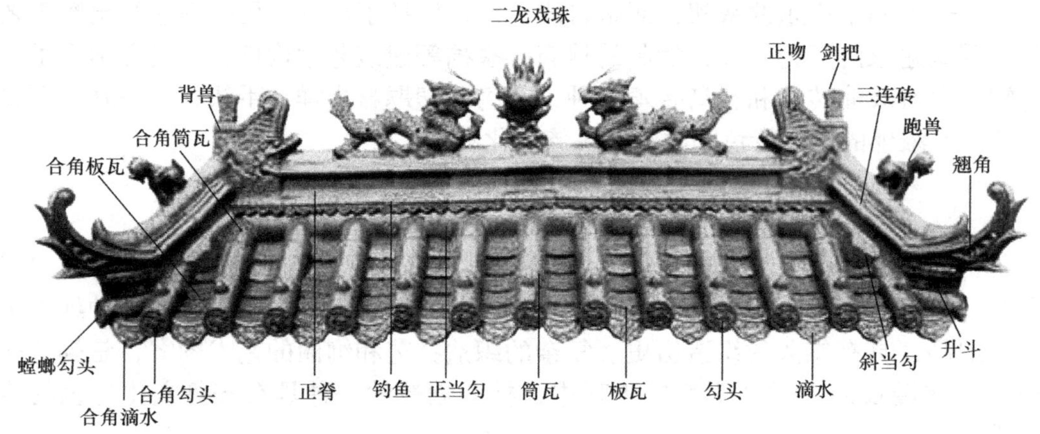

图 7-15 琉璃瓦构成

延伸阅读 7-7

琉璃瓦材质坚固，釉色鲜艳，表面光润，是中国仿古建筑的重要材料，也是中国传统建筑的符号。制作琉璃瓦要经过选料、粉碎、炼泥、制坯、精雕、烘干、烧造、施釉、再烧造、检验等 20 多道工序。

资源链接 7-1 央视网视频：《农广天地》琉璃瓦的制作工艺

七、潍 坊 风 筝

潍坊是世界风筝的发源地，潍坊又称潍都、鸢都，制作风筝历史悠久，工艺精湛。潍坊风筝是山东潍坊传统手工艺珍品，现在世界上 70% 以上的风筝都是出自潍坊。“国际风筝联合会”的会议总部也设在了潍坊。现在潍坊成为世界风筝文化交流的中心，被世界各国人民称为风筝的故乡。经过长期的发展创新，潍坊风筝逐渐形成了独特的艺术特点和风格。它选材讲究、造型优美、扎糊精巧、形象生动、绘画精细、品种繁多、起飞灵活。潍坊风筝的题材非常广泛，包括人物、飞禽、鱼虾、文玩器物、历史人物、神话传说等等。风筝艺人将国画工笔绘画的传统技法，运用到风筝的绘制上，形成了造型优美、扎工精细、色彩艳丽的独特风格，成为中国风筝的一个重要流派。 潍坊风筝具有浓郁的地方生活气息和生动的气韵，扎制博采众家之长，过去说潍坊的风筝，有“十个风筝九个蝶，九个蝴蝶九个新”的说法，人们用“鲁蝶”来概括潍坊风筝的特点。在 2012 年首届中国非物质文化遗产博览会上，全国共有 622 个非物质文化遗产保护项目参展。最终以“龙头蜈蚣”为代表的潍坊风筝制作技艺获得金奖。“龙头蜈蚣”“仙鹤童子”“雷震子”“麻姑献寿”等已经成为潍坊风筝的代表作（图 7-16、图 7-17）。

图 7-16　潍坊风筝四大代表作之一仙鹤童子

图 7-17　潍坊风筝四大代表作之一雷震子

第 3 节　传统饮食民俗

一、鲁　　菜

（一）鲁菜的起源和发展

鲁菜是中国四大菜系之一，起源于山东。齐鲁地处半岛，三面环海，腹地有丘陵、平原，气候适宜，四季分明。海鲜水族、粮油牲畜、蔬菜果品、昆虫野味一应俱全，为烹饪文化的发展、山东菜系的形成提供了丰富的物质条件。《尚书·禹贡》中载有“青州贡盐”，说明至少在夏代，山东已经用盐调味，加之齐鲁人民几千年饮食实践，选料考究，刀工精细，技法全面，调味平和，菜品繁多，火候严谨，强调鲜香脆嫩，其中尤以“爆、炒、烧、塌”等最有特色，更为鲁菜的形成奠定了基础。

鲁菜又称为山东菜，发端于春秋战国时的齐国和鲁国，形成于秦汉时期。到了宋代以后，鲁菜就成为“北食”的代表，覆盖了黄河流域包括山西、陕西、河南、河北、山东，以及辽宁、吉林、黑龙江等地的菜色。

以孔府风味为龙头，儒家思想的创始人孔子对鲁菜的发展起了很大的作用，孔子的饮食文化思想对鲁菜乃至烹饪界产生了深远的影响。南北朝时期，鲁菜更有了新的突破。北魏的《齐民要术》，对黄河流域，主要是山东地区的烹调技术作了较为全面的总结，不但详细阐述了煎、烧、炒、煮、烤、蒸、腌、腊、炖、糟等烹调方法，还记载了“烤鸭”“烤乳猪”等名菜的制作方法。到了元、明、清时期，鲁菜又有了新的发展。此时鲁菜大量进入宫廷，成为御膳的珍品。

（二）鲁菜的代表菜式及特色

鲁菜是由济南菜、胶东菜和孔府菜三个地方风味组成的一个菜系，代表菜品很多。济南风味（指济南、德州、泰安一带）代表菜品主要有：清汤燕窝、奶汤蒲菜（图 7-18）、葱烧海参、糖醋黄河鲤鱼、九转大肠、油爆双脆、锅烧肘子等；胶东风味包括福山、青岛、烟台、威海一带，代表菜品有：油爆海螺、清蒸加吉鱼、扒原壳鲍鱼、靠大虾、炸蛎黄等；孔府菜名很有文化特色，代表菜有诗礼银杏、一卵孵双凤、八仙过海闹罗汉、孔府一品锅、神仙鸭子、带子上朝、怀抱鲤、花篮鳜鱼（图 7-19）、玉带虾仁、油发豆莛、红扒鱼翅、白扒通天翅等。

图 7-18　奶汤蒲菜

图 7-19　花篮鳜鱼

延伸阅读 7-8

糖 醋 鲤 鱼

糖醋鲤鱼是山东济南传统名菜，也是鲁菜的经典名菜。济南北临黄河，黄河鲤鱼不仅肥嫩鲜美，肉质细嫩，而且金鳞赤尾，形态可爱，是宴会上的佳肴。《济南府志》上早有“黄河之鲤，南阳之蟹，且入食谱”的记载。据说“糖醋鲤鱼”最早始于黄河重镇——洛口镇。黄河鲤鱼的肉味纯正，鲜嫩肥美，人们多喜食。《诗经》载：“岂其食鱼，必河之鲤。”说明早在3000多年以前，黄河鲤鱼就已经成为脍炙人口的名食了。1900年，清光绪皇帝和慈禧太后为逃避庚子之难，曾在开封停留。开封府衙召名厨备膳，贡奉“糖醋熘鱼”，光绪和慈禧太后食后，连声称赞（图 7-20）。

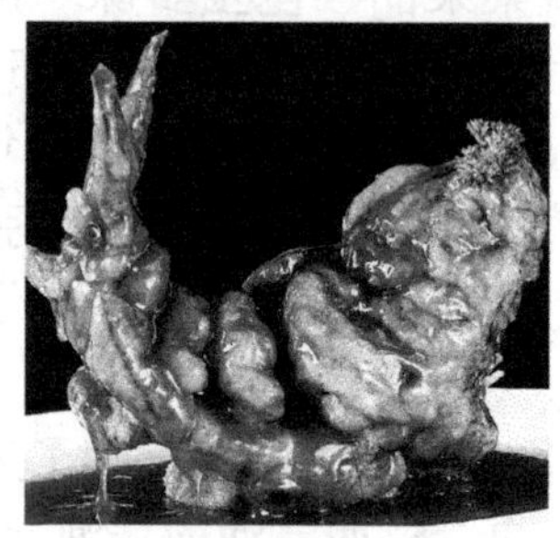

图 7-20　糖醋鲤鱼

延伸阅读7-9

九转大肠

九转大肠是济南的代表菜肴（图7-21）。相传，清光绪年间有一杜姓巨商，在济南开办“九华楼”酒店。此人特别喜欢“九”字，干什么都要取“九”字，九转本是道家术语，表示经过反复炼烧之意。九华楼所制的“烧大肠”极为讲究，其功夫犹如道家炼丹之术，故取名为“九转大肠”。

图7-21 九转大肠

鲁菜以“爆”见长，注重火功（图7-22），讲究调味纯正，口味偏于咸鲜（图7-23），具有鲜、嫩、香、脆的特色。鲁菜十分讲究清汤和奶汤的调制，清汤色清而鲜，奶汤色白而醇。

图7-22 油爆双脆

图7-23 四喜丸子

山东饮食风俗，因地近京津，受京津影响较深，同时也影响京津。沿海和海岛渔区、山区、平原、湖区、城市、古镇又因自然环境不同，生产情况不同，传统习惯不同，各自呈现出不同的饮食习俗，从而使山东饮食风俗深深地烙上了地域的印痕。

二、孔府菜

孔府菜是由于孔府在历代封建王朝中所处的特殊地位而保全下来，是乾隆时代的官府菜。清高宗弘历曾八次驾临孔府，并在1771年第五次驾临孔府时，将女儿下嫁给孔子第七十二代孙孔宪培，同时赏赐一套“满汉宴银质点铜锡仿古象形水火餐具”给孔府，这更促使鲁菜系中的奇葩“孔府菜”有了更大的发展。有时孔府要迎接当朝显贵或外地来祭孔的达官贵人，他们有时自带厨师到孔府（衍圣公朝见皇帝，有时也带厨师进京学习），这时外地的厨师就与孔府的厨师共同掌灶。久而久之，孔府厨师与外地厨师之间，技术上不断交流和提高，有些各自的名菜或从孔府传出，或从外面引入，使孔府菜更加丰富多彩。

孔府烹饪，基本上分为两大类。一类是宴会饮食；一类是日常家餐。

孔府宴席，是过去孔府用于接待贵宾、袭爵上任、生辰祭日、婚丧喜寿时，特备的高级宴席。这些宴席都是遵照君君臣臣、父父子子的封建等级制度严格区分，有不同的规格。像第一等用于接待皇帝和钦差大臣的“满汉全席”，是以清代满、汉国宴的规格设置的，使用全套银餐具，上菜196道，全是山珍海错，名菜佳肴，驼蹄、熊掌、猴头、鹿筋、燕窝、鱼翅等，以及“全羊带烧烤”，还有火锅、品锅、全盒之类的丰盛大件。孔府的全羊席是起自庙祭，每年四丁祭都用三牲，羊每次就用数十只，祭后，用此羊做成全羊菜，成为与满汉全席齐名的大宴。

孔府的另一类菜肴是“家常菜”。这类菜一般用鸡鱼肉蛋，时令菜蔬，从米粥、煎饼、咸菜、豆腐，到豆芽、香椿、鸡蛋、茄子，具有浓厚的乡土风味。但这些渊源于民间的常食小吃，经过孔府厨师的精巧制作，成为孔府独特的菜品。

依其制作过程孔府菜又可归纳为三个特点：精良的选料，娴熟的技艺，讲究的名称。

延伸阅读7-10　菜的寓意

孔府菜中有不少掌故：“孔府一品锅”，衍圣公为当朝一品官而得名（图7-24）；“带子上朝”（图7-25）、“怀抱鲤”（图7-26），都是一大一小放在同一个餐具中，寓言辈辈为官、代代上朝。

“燕窝四大件”（图7-27）：据孔府档案记载，清光绪二十三年（1894年，甲午），孔府主人为向慈禧皇太后祝六十大寿，由七十五代衍圣公夫人彭氏带其子七十六代衍圣公孔令贻及媳孙氏专程进京贺寿。皇太后很高兴地把女眷安置在坤宁宫内，“朝夕相见，俨如家人”。“十月初四，老太太进圣母皇太后早膳一桌”，这份早膳包括佳肴四十四款，其

图7-24　孔府一品锅

图7-25　带子上朝

图7-26　怀抱鲤

图7-27　燕窝四大件

主菜即为“燕菜四大件”（即“燕窝万字金银鸭块、燕窝寿字红白鸭丝、燕窝无字三鲜鸡丝、燕窝疆字口蘑肥鸡”），是随同治馔的孔府内厨名师张昭曾，用燕窝、鸡鸭为原料，精心制作而成的四个造型大菜，菜上分别摆成“万”“寿”“无”“疆”四个字意的祝寿词，富丽堂皇，表示孔府主人对皇太后无尚的尊崇之意，菜一上席，满堂生辉，祝寿气氛倍增。皇太后大喜，赏赐了孔府主人，内厨张昭曾也受到了重赏。

延伸阅读7-11 神仙鸭子

“神仙鸭子”是大菜，为保持原味，将鸭子装进砂锅后，上面糊一张纸、隔水蒸制。为了精确地掌握时间，在蒸制时烧香，三炷香燃尽即成，故名“神仙”（图7-28）。相传这是被逼出来的，衍圣公要求此菜做成立即趁热上桌，不得延误，要熟烂，又要准时，厨师想出点香计时的方法，成为烹饪中的美谈。

图7-28 神仙鸭子

《论语·乡党》中记载了孔子对饮食的看法：“食不厌精，脍不厌细。食饐而餲，鱼馁而肉败，不食。色恶，不食。臭恶，不食。失饪，不食。不时，不食。割不正，不食。不得其酱，不食。肉虽多，不使胜食气。唯酒无量，不及乱。沽酒市脯，不食。不撤姜食，不多食。”

孔子为什么要提出“八不食”呢？

“八不食”是孔子在条件允许的情况下，对合理饮食原则的坚持。这首先是孔子重养生的具体表现，体现了他对健康的珍视，对人生的热爱，这也是孔子为什么能在经历了颠沛流离的生活之后，依然能活到七十多岁高龄的原因之一。然而，“八不食”背后的含义绝不仅仅是养生。孔子对饮食的讲究，不是要追求生活的奢侈，而是要坚持生活的节制。孔子处处遵循“礼”，这不仅表现在与国君和大夫见面时言谈举止和仪式，而且表现在衣着和饮食方面。在生活中，多少有条件“食不厌精，脍不厌细”的人，能做到吃饭按时按量呢？面对粗茶淡饭时吃一碗，面对山珍海味时也只吃一碗，这就体现了修养。提升修养不仅仅靠读书、思考、学习，还要在生活中体现出节制和规律。

这种节制和规律就是孔子所说的“克己复礼”。孔子告诉颜渊：“克己复礼为仁”，要在生活中行“仁”，就要加强自我约束，将精力集中到所从事的事业上。这种自我约束不仅表现在大事上，小事中也是同样。孔子说：“君子无终食之间违仁，造次必于是，颠沛必于是”，就是在吃一顿饭、睡一场觉的功夫，也不忘记有些东西是向来坚持的。在这种坚持的框架下，生活就不容易被外在遭遇的冲击撼动，人才可以更加独立自主，实现内心修为的提升。要达到“仁”的境界，就必须有内在的约束节制，这正是“八不食”的意义所在。

在饮食卫生方面的操行，不得不说孔子是我们现代人的典范。

延伸阅读7-12 乾隆美食

清乾隆皇帝来曲阜，孔府曾以196样菜的满汉宴来招待。开宴前，华灯高悬，红烛高照，乾隆皇帝在鼓乐手细吹细打的乐曲声中入席。菜是燕窝、鱼翅、海参、干贝等珍贵物，菜名更是好听，如一孵双凤、御带虾仁、竹影海参、当朝一品、神仙鸭子、青龙卧雪、雪扫梅花、八仙过海、闹罗汉等，可乾隆在京里吃厌了山珍海味，一道道菜端上来又都原封不动地端了下去。

在一旁侍膳的衍圣公很着急，便传话给厨师让其想办法。厨师作难了，心想：珍贵名菜他都不愿吃，要吃什么呢？寻思了一阵子，正好是春天，便打发人去捋了一捧杏叶回来。厨师把糖熬好了，又把杏叶放到糖水里，盛出来一凉，外面发亮，里面鲜绿，很好看，起名叫琉璃杏叶。乾隆吃了这道菜，觉得很好吃，心想：到底是孔府菜好。

这一来，衍圣公总算松了口气，厨师心里也有了底，知道皇帝爱吃那一口。于是他们把豆芽加上几粒花椒一炒，乾隆吃了说味道不错。经了皇帝口，豆芽在孔府的食谱中，立刻身价百倍，不光是能上大宴席，还成了孔府的传统菜。于是又把豆芽的豆瓣去掉，和小丁豆腐配在一起炒，起名叫丁香豆腐。那厨师还想出一道绿豆芽菜，叫“金钩挂银条”，就是把绿豆芽掐去瓣和根，先炒一下虾米，再把择好的绿豆芽放上，那虾米发红，绿豆芽是银色的。这样的菜，皇宫里没有，乾隆吃得津津有味，所以也成了孔府的传统好菜。

第4节 传统婚丧民俗

一、孔府婚礼

孔府结婚仪式十分隆重。大门外搭戏台，做大红牌坊，挂大红宫灯，门口立挂鞭炮的杉杆，一进大门直至内宅新房搭彩棚，彩棚里挂亲友和官方人士送的喜帐。迎亲队伍，前面是全套五班戏乐，后面是扇、伞、銮驾、军牢、夜役、金瓜、钺斧、朝天凳等全套执事。轿前有两对白色吉羊，两大彩绘坛子喜酒，由穿彩衣的小孩抱着，两个小孩背“子孙桶”（马桶），桶内放银元，还有抱镜子的、抱火盆的等等，都由小孩担任。迎亲队伍到女方，新郎拉弓射箭后，新娘上轿。至孔府，开仪门，设彩亭，举行仪式的前上房院内摆20张长案，长案上摆龙凤饼、枣、栗子、莲子、花生、桂圆等果品。新人面向东方下轿，迎喜神，长桌上摆五供香筒，新郎新娘行一跪四叩大礼，拜天地。新娘在新房坐帐，喝交杯酒。第二天，新郎新娘向家中和本家长辈请安。请安时，后面跟着个女仆，端个大盘子，上面放许多盛有桂圆汤的小盖碗。新娘、新郎向长辈磕过头，由新娘敬桂圆汤，长辈要给见面礼，礼物接过来后，放在一个长方捧盒内，用红绸覆盖。

二、孔府丧礼

孔府丧礼繁复隆重。首先死者装裹分小殓与大殓。三日小殓穿常服，五日大殓换官服。尸体用绸子从头到脚裹起来，脸也不露出来。裹尸的绸子，男用红色，女用绿色，裹三层，最外面一层都用白绸子，缠裹得很紧，不留一点空隙，裹成一个花瓶形状。停灵的地方，衍圣公和一品夫人，停在内宅前上房，姨太太或住在孔府里的亲属，死后停在白虎厅。灵棚用蓝玻璃做顶。灵棚里摆纸人纸马、聚宝盆、摇钱树、金银元宝等，统称“社火”；还要摆成百件的“明器”，如锡制的小茶壶、小茶碗，木头小桌椅、小床，床上有枕头、被褥，还有绣花小衣服、鞋袜，物件很小，但一切都仿真。这些“明器”在安葬时一起埋进墓内。灵堂里，棺柩之前悬挂“名旌”，大红绸子条幅像幔帐一样从上面垂下，遮住棺柩，上写死者的各种官衔。出殡时“名旌”放在棺柩上。

孔府丧礼有一些特殊的仪式和仪仗。如：有亲友吊丧，门口的乐棚要奏乐，男客、女客或者男女客一同到来，奏的乐曲都有分别。大门两旁用木架、绸缎扎成两个大汉模样的人，高有一丈多，名叫“方弼”“方相”，里面各藏一人，操纵他们活动、走路、作各种动作，有来吊孝的，“方弼”“方相”向前迎接并指挥作乐。送殡时，“方弼”“方相”走在队列前面，一直跟到墓地。

孔府出殡，抬杠的杠夫用六十四人。孔氏家族规定，父母去世，三年不应酬客人，不听音乐，名为“丁忧”。孔府祭祀祖先很频繁，有明祭（生日）、死祭（忌日）、春节、清明、七月十五（农历）、十月一（农历）等日的祭祀。祭祀地点和方式则有孔林致祭、拜家庙和拜影堂、幕恩堂、抱本堂等。

葬后祭礼有为逝去的家人“烧七”和过周年的习惯。每隔七天，死者的儿女亲戚应到坟前祭祀。俗话说“五七三周年，不烧不周全”，到“五七”“三七”和三周年祭祀时要特别隆重。除了烧七，还要烧百日，这种祭俗至今还在齐鲁各地流传。

孔府的当差死后，府中要派人去吊丧，派去的大当差，称为“天使”，全权代表衍圣公，乘四抬银顶绿轿，轿前有衍圣公的全套仪仗：金瓜、钺斧、朝天凳、旗、罗、伞、扇、“肃静”“回避”牌等一百多种。死者全家要像迎接皇帝那样，到村外路边跪迎。按旧规，若当差的死在府中，不能从门口出去，只得从墙上抬出去。孔府大门东边有一条胡同，俗称“鬼胡同”。当地老百姓出殡，不能从孔府大门前经过，要从“鬼胡同”绕行。

延伸阅读7-13　　孔子殁　弟子服丧

孔子去世后，弟子为之服丧三年。鲁哀公十六年（前479年）夏末二月十一日孔子寝疾七日而殁，葬于鲁城（今山东曲阜）以北泗水旁，弟子如丧父般为之治丧，且为之服丧三年。三年丧毕，众弟子相对而哭，“各复尽哀”，然后才离开。子贡则复留，庐于塚上，又居三年，方离去。弟子及鲁人为追念孔子而移家墓旁者约百余家，此地因名曰“孔里”。此后鲁人又把孔子住房、讲堂及弟子宿舍改为孔庙，用以纪念孔子，并收藏孔子衣、冠、琴、车、书等生前用物于此。

三、传统礼俗

齐鲁传统礼俗包括：婚嫁礼俗、丧葬礼俗、祭祀礼俗、社交礼俗、节庆礼俗等。婚嫁礼俗、丧葬礼俗大都以孔氏家族为宗，其他各处略有差异。

曲阜婚嫁礼俗，待抵达新郎“府第”后，新郎以红绣球牵引新娘下轿，新郎、新娘脚踩芝麻秆，寓意为“节节高”，跨马鞍，寓意平平安安，跳火盆，寓意为生活红红火火，一番繁复隆重的礼俗过后，拜堂仪式开始。入洞房后，新郎手持由红纸包裹的秤杆，寓意为称心如意，挑开新娘的红盖头，新郎、新娘共饮交杯酒。在整个婚礼过程中，最重要的环节是迎娶拜堂、举办喜宴，过去也有晚上结婚的，还有铺床、撩轿、祭祖、掷扇等环节，其内容的安排、形式的规范由男方和“大总理”（安排婚礼程序的“总管事”）共同完成。

鲁西北则结婚那天新郎要去“迎婚”，迎婚要给早晨为新娘化妆准备的人红包，返程的路上尤其是过桥会有撒钱的，有同喜之意。迎亲和回来不能是同一条路，回来的路要向里转，有两家越走越近之意。不待车接近新郎家的门口，鞭炮、礼炮响作一团，接着便是新郎与新娘走进家门，极少有过所谓的踏火盆，一般是新郎把新娘抱进去。接着就是拜堂等程序，最后送入洞房。最具有地方特色的便是“听房”了，过去男女双方在新婚当晚之前不会有太多的交流，到了晚上会发生在旁人看来很有意思的事。与新郎一块长大的哥们就会在洞房的房后悄悄偷听屋内的动静，一些笑话变成了关于这个人一辈子的谈资。婚后第三天，新娘要“回门”，便是回娘家看望父母以慰思家之情，顺便报告新郎以及新郎家人的情况。

延伸阅读7-14 祭　祖

图 7-29　祭祖供品

祭祖源于中华民族“百善孝为先”和“慎终追远”的传统理念，借以表达对祖宗先辈的缅怀之意和敬仰之情。春节祭祖多在腊月二十八至除夕举行，有上坟祭拜、宗庙祠堂祭拜、焚黄祭拜等，形式上多种多样。一些家庭将家谱、祖先像、牌位等供于上厅，陈列供品，每件供品皆有寓意（图 7-29），然后按长幼顺序依次烧香叩拜，祭礼即告完成。

守岁之俗，古已有之。除夕之夜，四处灯火通明，合家团团围坐夜话，通宵不眠，辞旧岁，迎新年，既有对岁月惜别留恋之情，又有对来临的新年寄以美好希望之意。除夕晚上的年夜饭又称“团圆饭”“合家欢”，是阖家一年中最重要的一顿饭。年夜饭通常自掌灯时分入席，全家老少欢聚酣饮，回顾旧岁，憧憬新年。古往今来，除夕晚上吃年夜饭已成为最重要的年俗活动。

延伸阅读7-15 压 岁 钱

压岁钱古称厌胜钱、压祟钱、押岁钱。《燕京岁时记》：“以彩绳穿钱，编作龙形，置于床脚，谓之‘压岁钱’。尊长之赐小儿者，亦谓之‘压岁钱’。”古人认为，压岁钱可以驱邪除凶，保佑平安。每到正月初一，晚辈要给长辈拜年，长辈也要给晚辈压岁钱。压岁钱可以在除夕夜孩子睡着后悄悄放置于孩子的枕头下，亦可在晚辈拜年后当众赏给。

延伸阅读7-16 走 亲 戚

通常自正月初二起，人们开始走亲戚，相互拜访，宴饮酬酢。

走亲戚，旧时称“拜节”，“甥婿辈各携束脯往拜其长，曰拜节”。按血缘和宗族关系的亲疏远近，一般是正月初二外甥走舅家，女儿女婿回娘家；正月初三走姨家和姑家。也有一些地方的探亲顺序为先舅家，次姑家，再岳父岳母家。回娘家又称归宁，指出嫁的女儿回门省亲。过去观念认为，已逝的祖先年底要回家享受供奉，如果看到家里有“外人”，就不愿进家门了。出嫁的女儿过去被认为是“外人”，要等到祖先享用供奉后，在正月初二才可以回娘家，有些地区也有正月初三回娘家的习俗。

小 结

丰富多彩的节日活动，巧夺天工的杨家埠年画、楷木雕、高密剪纸、潍坊风筝等手工技艺传承，精细考究的的鲁菜，以及繁复隆重的婚丧嫁娶礼俗，无一不彰显着齐鲁民俗文化的魅力。我们要积极保护、弘扬和传承齐鲁优秀的民俗文化，使其在现代社会继续绽放光彩。

练习与思考

一、填空题

1. 在山东，年三十傍晚，要“________”，即举行仪式把逝去的先祖、亲人请回家过年，这是年三十最为隆重和严肃的年事活动。

2. “________节”又是“老人节”，老人们在这一天或赏菊以陶冶情操，或登高以锻炼体魄，反映了中华民族尊老爱幼的优良传统。

3. 鲁菜发端于春秋战国时的________和________，形成于________时期。

4. 鲁菜是由________菜、________菜和________菜三个地方风味组成的一个菜系。

5. 鲁菜以________见长，注重火功，讲究调味纯正，口味偏于咸鲜，具有鲜、嫩、香、脆的特色。

6. 君子不立________之下，在饮食卫生方面的操行，不得不说孔子是我们现代人的典范。

7. 春节礼俗可另为________与________两个部分。

二、思考题

1. 请你谈一谈对有些地方存在的“正月里剃头死舅舅”的习俗的看法。

2. 分组搜集有关资料，介绍一种家乡的有地方特色的传统技艺或者风味小吃。

3. 简述孔府婚丧礼俗与你家当地的相同点和不同点。

实践活动（一）

举办民俗知识竞赛

【活动目标】

传统文化知识竞赛旨在加深同学们对传统文化的理解，增强同学们对传统文化的兴趣。中华文化源远流长，异彩纷呈，灿烂的文化光辉是我们作为炎黄子孙骄傲的资本。通过传统文化知识竞赛，增长见识，熏陶情操，培养审美，继承与弘扬传统文化知识。

【活动方法】

知识竞赛

【活动流程及步骤】

1. 活动准备。收集好参考材料，准备题库。

2. 活动实施。班级内按照五人或者六人分组对抗，自命名组名、口号，拍照留影，进行现场问答，有必答题、抢答题、加赛题几种形式。

① 必答题。个人必答题每队每人 1 题，按选手编号从 1～5 号轮流作答，答对加 20 分，答错不扣分。

② 抢答题。主持人念完题目后，由全体参赛队队员进行抢答。答对加 20 分，答错扣 20 分。

③ 加赛题。此前环节答题结束后，出现相等分数不能确定排名顺序时，分数相同的竞赛组进行加赛，再抢答三题，每题 20 分。最终按照总分排出名次。

3. 成果展示。

实践活动（二）

参观当地的博物馆

【活动目标】

1. 激发爱国主义情怀，把“建馆初心”的理念根植于心。

2. 徜徉文化的殿堂，领略文物瑰宝的魅力。

【活动方法】

实地参观，宣传发动、深入讨论、总结提高。

【活动流程及步骤】

（1）首先要与博物馆负责人沟通协商，并征得学校领导支持；

（2）联系博物馆的讲解员做好资料讲解；

（3）部门以大电子屏、出海报的方式进行大量的宣传，吸引更多同学来了解、参与此次活动；

（4）部门工作人员在广场组织招募参观人员；

（5）教师了解博物馆的展览情况，根据学生特点和需求，对博物馆先行介绍，对相关知识进行简单梳理；

（6）学生就老师提出的问题，先期进行了解；

（7）前往目的地的过程中，注意安全，切忌途中追逐，时刻注意保持中职学生形象；

（8）进入博物馆不大声喧哗，不随意触摸展品；

（9）学生带好笔记本、铅笔、相机，做好参观记录。

【活动实施】

1. 领导讲话

(1)带队辅导员讲话;

(2)博物馆讲解员讲话,参观活动开始。

2. 具体内容

【成果展示】

1. 成果分享:同学们交流拍摄的作品图片或记录的资料,向大家展示成果并分享对作品的理解;

2. 活动总结:全体学生要进行自我总结,以便汲取经验和自我完善;教师就活动过程和成果进行总结。

参 考 文 献

安作璋，2003．齐鲁文化．济南：齐鲁书社．

安作璋，王志民，2004．齐鲁文化通史．北京：中华书局．

陈清义，2013．聊城运河文化研究．济南：山东画报出版社．

褚良才，2002．孙子兵法研究与应用．杭州：浙江大学出版社．

杜富山，1995．五千年演义：1．沈阳：辽宁少年儿童出版社．

傅惜华，陈志农，陈沛箴，2012．山东汉画像石汇编．济南：山东画报出版社．

高鼎铸，2012．传统戏剧．济南：山东友谊出版社．

高华平，王齐州，张三夕，2015．韩非子．北京：中华书局．

高文麒，2014．山东齐鲁文化．北京：经济科学出版社．

郭化若，2012．孙子兵法译注．上海：上海古籍出版社．

郭学东，2012．曲艺．济南：山东友谊出版社．

胡适，1998．胡适学术文集．北京：中华书局．

胡元斌，2016．孔府孔庙孔林．汕头：汕头大学出版社．

黄海波，2007．中国传统文化与中医．北京：人民卫生出版社．

黄松，1991．齐鲁文化．沈阳：辽宁教育出版社．

济南市史志办公室，2013．济南泉水文化通览．济南：济南出版社．

孔祥林，1994．孔子文化大典，北京：中华书店．

李发林，1982．山东地区汉画像石研究．济南：齐鲁书社．

李树志，张宇平，2015．齐鲁文化概论．北京：中央广播电视大学出版社．

梁启超，1935．墨子学案．北京：商务印书馆．

刘斌，2011．齐鲁诸子名家志•姜太公志．济南：山东人民出版社．

骆承烈，骆明，2003．孔里论孔．北京：当代中国出版社．

吕思勉，2008．中国史．北京：中国社会科学出版社．

马积高，黄钧，2009．中国古代文学史．北京：人民文学出版社．

孟祥才，胡新生，2002．齐鲁思想文化史：从地域文化到主流文化．济南：山东大学出版社．

逄振镐，2010．齐鲁文化研究．济南：齐鲁书社．

彭荣，2011．中国孔庙建筑与环境．郑州：中州出版社．

骈宇骞，王建宇，牟虹，等，2007．孙子兵法 孙膑兵法．北京：中华书局．

秦承果，王为桐，1998．算圣刘洪．济南：山东画报出版社．

阙勋吾，1992．中国古代科学家传记．长沙：岳麓书社出版社．

山东省济宁市政协文史资料委员会，2000．济宁运河文化研究．北京：中国文史出版社．

山东省济宁市政协文史资料委员会，2002．济宁运河文化研究（一）．济南：山东友谊出版社．

王勇，王全成，2008．齐鲁文化．北京：时事出版社．

王兆良，马圣云，韩洁之，等，1989．齐鲁史话．济南：山东友谊书社．

王志民，2012．山东区域文化通览·山东文化通览．济南：山东人民出版社．

王志民，2013．孔府文化研究．北京：中华书局．

魏建，贾振勇，1995．齐鲁文化与山东新文学．长沙：湖南教育出版社．

徐勇，乔国华，余新忠，2005．兵家文化面面观．济南：齐鲁书社．

杨朝明，2004．游访孔庙孔府孔林·东方的文化圣地．上海：上海古籍出版社．

叶郎，费振刚，王天有，2007．中国文化导读．北京：生活·读书·新知三联出版社．

叶郎，朱良志，2008．中国文化读本．北京：外语教学与研究出版社．

俞伟超，2000．中国画像石全集．济南：山东美术出版社．

羽人，1994．文化五千年：上．上海：少年儿童出版社．

岳长志，张宇声，2012．淄博文化通览．济南：山东人民出版社．

张桂林，2012．传统音乐．济南：山东友谊出版社．

张海霞，闫燕秋，2015．兵家文化．北京：时事出版社．

张宏图，宋永利，姚洪运，2017．中国传统文化．北京：高等教育出版社．

中国曲艺志全国编辑委员会,《中国曲艺志·山东卷》编辑委员会，2002．中国曲艺志：山东卷．北京：中国 ISBN 中心．

张廉明，1985．孔府名馔．济南：山东科学技术出版社．

张少瑜，2006．兵家法思想通论．北京：人民出版社．

张孝天，2007．青少年科普故事大本营——天文故事总动员．北京：石油工业出版社．

赵俄，1995．五千年演义：2．沈阳：辽宁少年儿童出版社．

赵建民，金洪霞，2016．中国鲁菜——孔府菜文化．北京：中国轻工业出版社．

赵树国，李善奎，2012．济宁文化通览．济南：山东人民出版社．

教学基本要求

一、课程性质和课程任务

齐鲁传统文化是山东省职业教育公共基础课程中的一门选修课程。本课程坚持立德树人，增强学生对优秀传统文化的理性认识为重点，引导学生感悟传统文化的精神内涵，增强学生对优秀传统文化的自信心。引导学生认知齐鲁传统文化的独特魅力，提升传承传统文化的意识；培育学生爱祖国爱齐鲁爱家乡的情感，涵养文明儒雅的审美情趣，历练吸收传统文化的智慧；激励学生积极传承中华文明、弘扬民族精神。

本课程主要任务是以弘扬爱国主义精神为核心，以家国情怀教育、社会关爱教育和人格修养教育为重点，着力完善学生的道德品质，培育理想人格，提升政治素养。紧密结合齐鲁传统文化特点，突出齐鲁特点和职教特色，强调学以致用、学以致道，更好地诠释“一山一水一圣人”的齐鲁文化符号。

二、课程教学目标

（一）总体目标

以增强学生对齐鲁优秀传统文化的理性认识为重点，引导学生感悟齐鲁优秀传统文化的精神内涵，增强学生对齐鲁优秀传统文化的自信心。阅读传统文化经典作品，提高古典文学和传统艺术鉴赏能力；认识齐鲁文明形成的悠久历史进程，感悟齐鲁文明在中国历史中的重要地位；认识齐鲁杰出人物的贡献，吸取前人经验和智慧，培养豁达乐观的人生态度和抵抗困难挫折的能力；感悟传统美德与时俱进的品质，自觉以传统美德律己修身；了解传统艺术的丰富表现形式和特点，感受齐鲁不同地域的民族艺术风格，接触和体验齐鲁各地的风土人情、民俗风尚，了解齐鲁丰富的文化遗产；引导学生深入理解齐鲁人民最深沉的精神追求。

（二）具体目标

1. 知识目标

了解齐鲁传统文化的内容和形式、特征和发展，了解博大精深的儒家文化，了解齐鲁的文化名人及名胜古迹，了解齐鲁的科技发明及兵家文化，了解齐鲁的文学、绘画、书法、音乐等艺术形式，了解传统节日及工艺、民俗风情等知识。

2. 能力目标

具有对丰厚博大的齐鲁传统文化的认知能力，具有吸收传统文化智慧的能力，具有学习传统文化的科学方法和能力，具有对传统文化初步的鉴别能力，具有传统艺术审美能力，具有传统文化保护意识，具有传统文化传承与创新的能力。

3. 情感目标

培养学生爱国主义精神、社会主义道德品质、热爱齐鲁传统文化的情感，逐步形成积极的人生态度和正确的价值观，不断提高文化品位、完善人格修养、丰富精神世界、增强文化自信和文化自觉，为实现中华民族伟大复兴的中国梦而努力奋斗。

三、教学内容和要求

教学内容	教学要求			教学活动参考
	了解	熟悉	掌握	
一、文化概貌				理论讲授 多媒体演示丰富多彩、光辉灿烂的齐鲁传统文化
（一）齐鲁传统文化的产生与发展				
1. 山东的自然环境	√			
2. 齐鲁文化的源头	√			
3. 齐鲁文化的形成与发展		√		
（二）齐鲁传统文化的基本特征及当代意义			√	
二、文化古迹				理论讲授 多媒体演示鲁国故都曲阜及“三孔”、临淄齐国故城、泰山及天贶殿、京杭大运河等文化古迹
（一）鲁国故都及“三孔”	√			
（二）齐国故城	√			
（三）泰山及岱庙天贶殿	√			
（四）河、海、泉文化	√			
三、先秦儒家				理论讲授 引领学生走进经典、热爱经典、品读经典、传承经典
（一）孔子			√	
（二）孟子		√		
（三）荀子	√			
四、兵家文化				理论讲授 多媒体演示提供典型案例，通过分析讨论品读，引导学生掌握一些兵法和军事思想以及它们的巧妙运用
（一）姜尚兵学成就	√			
（二）孙武与《孙子兵法》			√	
（三）孙膑军事实践	√			
（四）诸葛亮军事谋略		√		
五、科技文化				通过图片、视频、故事演绎等向学生介绍鲁班、扁鹊、墨翟、贾思勰、甘德等古代科学家的生平事迹以及他们对人类的伟大贡献
（一）巧圣鲁班	√			
（二）神医扁鹊			√	
（三）科圣墨子和农圣贾思勰		√		
（四）算圣刘洪和天文学家甘德	√			
六、审美文化				利用图片、视频、声乐等多媒体手段，指导学生赏析诗词歌赋、鉴赏书法绘画、楹联和音乐舞蹈作品
（一）文学名家	√			
（二）书画名家	√			
（三）汉画像石	√			
（四）说唱艺术	√			
七、民俗文化				课前布置民俗文化调查方案，让学生走出校门，利用网络或实践搜集当地的和山东的民俗文化，课堂上由学生分组展示关于民风民俗的照片、视频
（一）岁时节日民俗	√			
（二）传统手工技艺	√			
（三）传统饮食民俗	√			
（四）传统婚丧民俗	√			

四、学时分配建议（36 学时）

教学内容	学时数		
	理论	实践	小计
一、文化概貌	2	0	2
二、文化古迹	3	3	6
三、先秦儒家	4	4	8
四、兵家文化	3	1	4
五、科技文化	2	2	4
六、审美文化	4	2	6
七、民俗文化	2	4	6
合计	20	16	36

五、教学实施建议

（一）适用对象与参考学时

本教学要求可供职业教育各专业使用，建议总课时为 36 学时，其中理论课 20 学时，实践课 16 学时；以 18 学时计为 1 个学分，总计 2 学分。

（二）教学要求

1. 本课程对理论教学部分要求有掌握、熟悉、了解三个层次。教师引导学生了解熟悉丰富多彩的齐鲁传统文化，增进对传统文化价值的理解和认识，激发学习传统文化的浓厚兴趣，提升文化素养和思想品德。掌握是指对齐鲁传统文化的基本特征及当代意义、对作为几千年优秀传统文化的主干和精髓的儒家思想有深刻的认识，对《孙子兵法》的主要军事思想深刻理解，并灵活运用以解决实际问题，对神医扁鹊的仁心仁术对人类健康的重要意义有深刻的理解。

2. 本课程的教学理念：一是感受传统文化的丰富内涵，认识齐鲁文化厚重灿烂的特点；二是传承传统文化的道德精髓，培养热爱祖国热爱家乡的情感；三是汲取传统文化的品格智慧，弘扬温良敦厚文质彬彬的精神。

（三）教学建议

1. 重视情感、态度、价值观的正确导向

通过传统文化课程内容的熏陶感染，潜移默化，培养学生高尚的道德情操和健康的审美情趣，形成正确的价值观和积极的人生态度，受到传统文化的熏陶和滋养，获得文化积累，从而提升学生的文化素养和文化品格。重视学生学习过程中的情感体验，力求以情动人、以情启智、以情养德，激发学生情感共鸣。

2. 注重学生学习方式的多样性

通过活动性学习，使学生在诵读、感悟、讨论、交流的过程中不断提高对传统文化学习的兴趣。通过开展丰富多彩的传统文化学习活动，如经典品读、书法比赛、艺术节等，充分感受齐鲁传统文化的魅力。通过参观游览文化古迹、寻访历史文化名人、参与传统节日活动等，亲身体验传统文化的魅力。

3. 建设利用多元立体的文化资源

利用“教育＋互联网”现代信息技术，建立多元开放的课程资源网络；充分利用当地文化名人和文化古迹，利用当地博物馆或民俗馆，利用当地丰富多彩的文化活动等资源，发挥校外指导教师作用，选择不同的教育活动方式和类型，对学生进行生动形象、切实有效的传统文化教育。

4. 学习传统文化与学习专业的结合

把学习传统文化与学生所学专业进行有机的结合，引导学习吸取传统文化的艺术魅力并能继承和创新。